Friedrich Schiller, Emil Grosse

Die Künstler 1789

Friedrich Schiller, Emil Grosse

Die Künstler 1789

ISBN/EAN: 9783743626959

Hergestellt in Europa, USA, Kanada, Australien, Japan

Cover: Foto ©ninafisch / pixelio.de

Weitere Bücher finden Sie auf **www.hansebooks.com**

Die Künstler

von

Schiller

1789.

Erklärt

von

Emil Grosse,

Direktor des Königlichen Wilhelms-Gymnasiums zu Königsberg i. Pr.

Motto: „Kunst ist nicht die Bestimmung des Menschen, sondern die Blüte einer höheren Frucht."
Schiller an Körner
22. 1. 1789.

Berlin
Weidmannsche Buchhandlung
1890.

Hermann Baumgart

in Freundschaft und Dankbarkeit

dargebracht

zum 10. November 1889.

Vorwort.

Nach Imelmanns Ausgabe von Schillers Künstlern, Berlin 1875, eine andere erscheinen zu lassen, würde überflüssig sein, wenn derselbe das Gedicht auch als Ganzes hätte betrachten wollen, Gliederung, Inhalt und Zusammenhang nicht nur in einzelnen Fällen von ihm berücksichtigt worden wären.

Eine Ergänzung nach dieser Seite und erneute Betrachtung erscheint nicht unnütz, da die Forderung, welche nach Schillers Äußerung gegenüber Wilhelm von Humboldt bei solchen Gedichten zu stellen ist, den Inhalt in „vernehmlicher Prosa" anzugeben, in anderen Erklärungen nicht methodisch befolgt ist. Die Prosa derselben finde ich nicht „vernehmlich" genug, weil sie gewöhnlich nur eine mehr oder weniger breite Umschreibung des Inhalts sind, aber nicht darauf ausgehen, den Kern ganz herauszuschälen, die Gedanken der poetischen Hülle völlig zu entkleiden, ohne daß dabei irgend Wesentliches oder eine Nüance unberücksichtigt bleibt, ebensowenig aber auch irgend etwas Fremdes eingemischt wird. Ein strengeres Verfahren gewährt außer größerer Klarheit auch noch tieferen Einblick in die Mittel poetischer Darstellung.

Von einer solchen Angabe des Inhalts im einzelnen wird man noch die des allgemeinen Gedankenganges zu unterscheiden haben. In letztere gehört nur der wesentlichste Gedanke jedes Abschnitts, zur ersteren auch seine Ausführung, nur ohne die poetische Form. Meist wird der Gedankengang aus einer genauen Inhaltsangabe von selbst in die Augen springen, bei den Künstlern jedoch schien es mir nötig, ihn gesondert voranzustellen, damit man deutlicher sehe, daß die Einheitlichkeit des Ganzen mit Unrecht angefochten ist. Gerade um des Zusammenhanges willen und um das Ganze zu einem geschlossenen Kreise zu runden, hatte Schiller schließlich das Gedicht in einem „jüngsten Gericht" wieder vollständig umgeworfen und nicht geruht, bis er sich in dieser Hinsicht genug gethan.

Wie in der Erklärung von Ideal und Leben habe ich mich zur Gewinnung des richtigen Gesichtspunktes, aus dem das Gedicht zu betrachten ist, auch hier bemüht die Geistesgebiete scharf zu sondern und Vermischungen vorzubeugen. Über die Notwendigkeit wurde ich u. a. auch dadurch belehrt, daß ich eine Angabe des Gedankenganges, wie die des Schillerlexikons von Rudolph, selbst von G. Hauff in seinen Schillerstudien S. 251 als „sehr gut" bezeichnet fand, während ich dieselbe an mehr als einer Stelle nicht einmal richtig nennen kann und ihr Einheitlichkeit und Klarheit absprechen muß, da sie Fremdes einmischt und die Hauptidee, die Schiller selbst angegeben hat: „**Die Verhüllung der Wahrheit und Sittlichkeit in die Schönheit**" keineswegs festhält. Der Gedanke von Str. 13 soll z. B. sein: Auf diese Weise üben **alle gebildeten Völker** (?) vermittelst der Kunst einen Einfluß auf die **Nachbarvölker** (?) aus." Str. 19: „die Kunst begnügt sich nicht mehr mit der Darstellung schöner Formen (?), sondern sie tritt in den Dienst des Geistes, sie wird Ausdruck einer Idee (?). Als Vorläuferin der Wissenschaft (20) empfängt sie von dieser eine anregende und wohlthuende Rückwirkung, so daß auch der reflektierende Verstand (??) durch den Bau eines Kunstwerkes befriedigt werden kann (?)." Wo steht in der 31. Str. etwas davon, daß „die Tyrannei zwar die Gedanken in Fesseln schlagen kann"? Zum Schluß soll „**an beide, an Künstler, wie an Forscher** (??), die Mahnung" einträchtigen Wirkens ergehen. —

Meine Einleitung will sodann mit den beiden wichtigsten Gedanken des Gedichts, die Kunst ist die erste und die höchste

Geistesthätigkeit des Menschen, vorweg vertraut machen. Vielleicht ist sie durch den angefügten Nachweis der Übereinstimmung Goethes mit der „Hauptidee" an einer Reihe von Beispielen zu lang geworden: aber willkürlich und fremdartig wird man hoffentlich diese Erweiterung nicht finden, sondern zugeben, daß durch solche Betrachtung das Verständnis unseres Gedichtes gefördert wird.

Der Vollständigkeit halber konnte sich die neue Ausgabe der Künstler nicht auf Einleitung, Gliederung, Gedankengang und Inhaltsangabe beschränken, sondern mußte auch Bemerkungen im einzelnen aufnehmen, doch können dieselben Jmelmanns reichhaltigen Kommentar nimmer überflüssig machen. Vor allem war es meine Absicht, Schiller durch Schiller zu erklären und wie der Hauptidee des Gedichts so Einzelnem Verwandtes aus anderen Dichtungen oder bedeutenden Schriften zur Seite zu stellen.

Den Text gebe ich (in neuer Orthographie) nach den Gedichten von Friederich Schiller. Zweiter Teil. Zweite, verbesserte und vermehrte Auflage. Leipzig, 1805. bei Siegfried Lebrecht Crusius. — Der erste Teil mit dem Vermerk: „Zweite von neuem durchgesehene Auflage" war 1804 ebendaselbst erschienen. Die Vorerinnerung ist dieselbe wie die der ersten Auflage, im 2. Bande enthalten, datiert Weimar, in der Ostermesse 1803.

Wenn Schiller auch nur vom Druck der ersten Ausgabe der unter seinen Augen in Jena von Goepfert gedruckten Gedichte, erster Teil Leipzig, 1800. bey Siegfried Lebrecht Crusius. Zweyter Teil. Leipzig bey Siegfried Lebrecht Crusius 1803., Korrektur und Revisionen selbst gelesen haben wird, wie Karl Goedeke im Vorwort zum 11. Bande und in der Anmerkung zum Pilgrim (S. 459 der historisch=kritischen Ausgabe) lehrt, so muß die zweite Auflage doch als die letzter Hand gelten, denn „verbessert" ist sie noch von Schiller: erst hier erhielten die Gedichte das Reich der Formen (Schatten) und Schön und Erhaben die Überschriften: Das Ideal und das Leben und

Die Führer des Lebens, „und vermehrt" wurde sie um sechs Gedichte: Berglied 1804, Der Graf von Habsburg 1803, Das Siegesfest 1803, Punschlied im Norden zu singen 1803, Der Alpenjäger 1804 und Der Jüngling am Bach 1803, von denen 4 im Taschenkalender für Damen auf das Jahr 1804 und 1805, zwei (Alpenjäger und Punschlied) in Beckers Taschenbuch zum geselligen Vergnügen für dieselben Jahre gestanden hatten.

Übrigens stimmt der Text der Künstler in der zweiten Auflage mit dem der ersten bis auf Verbesserungen von Fehlern des Drucks und einige Änderungen in der Interpunktion, die fast alle erforderlich sind, auch wenn man die erste Auflage als die „letzter Hand" ansieht, völlig überein. Auch V. 154 haben beide werden statt wurden, was Goedeke nur von der zweiten anmerkt. Das Ergebnis ist also dasselbe, ob man von der einen oder der andern ausgeht.

Einigemal bin ich zur Interpunktion der ersten Veröffentlichung der Künstler in Wielands Merkur zurückgekehrt, die etwas einfacher ist und einige Pausen im Vortrag weniger macht oder kennzeichnet; diese Rücksicht war für die Zeichensetzung bei Schiller wie unseren Klassikern überhaupt mit maßgebend, nicht das Satzverhältnis und die logische Beziehung allein. Die Abweichungen der 1. und 2. Auflage von dem Text im Merkur sowie Körners sehr geringe Neuerungen in der Ausgabe von 1812 sind unter dem Text mit denselben Abkürzungen, welche in der historisch-kritischen Ausgabe von Goedeke angewandt sind, verzeichnet. A bedeutet danach Merkur, G die erste, g die zweite Auflage, K die von Körner besorgte. Welche Abweichungen der letzteren bereits in der nach Schillers Tode im rechtmäßigen Verlage noch erschienenen dritten Auflage der Gedichte vom Jahre 1807—1808 stehen, vermag ich leider nicht anzugeben, da sie mir nicht zur Hand ist, und Goedeke nur im Vorwort des elften Bandes S. XIII von ihr spricht (g) — über g sagt er garnichts dort —, aber im 6. Bande nichts daraus angemerkt hat.

Hinzuzufügen ist bei V. 57 ohne Komma g, 299 ohne Komma G, 314 ohne Komma g, 393 Euch statt euch g, 414 ohne Komma AG.

Den Druckfehler, welchen Goedeke bei V. 480 (Wahrhelt) angiebt, hat mein Exemplar von g nicht.

Seite 19 sollte noch erwähnt sein, daß nach R. Boxberger, Einleitung zu Schillers Gedichten (I 12 Hempel), auch die Verse, welche Schiller am 9. August 1790 in Baggesens Stammbuch schrieb: In frischem Duft, in ew'gem Lenze u. s. w., ursprünglich den Künstlern angehört hätten.

Citiert sind die Klassiker gewöhnlich nach Hempels Ausgaben, eigene Zusätze in eckige Klammern geschlossen. Daß ich Schlegels Recension der Künstler, verkürzt um unbedeutendere Bemerkungen, beigebe, wird hoffentlich willkommen sein.

Königsberg i. Pr., im November 1889.

Emil Grosse.

Inhalt.

	Seite
Vorwort	V—IX
Text	1
Bruchstücke früherer Fassung	16
Entstehung des Gedichts	20
Grundgedanke. Verhältnis des Menschen zum Wahren. Wesen der Kunst	31
Übereinstimmung mit Goethe (mit Lessing S. 84)	41
Gliederung des Gedichts und Gedankengang	45
Inhalt in „vernehmlicher Prosa"	49
Bemerkungen im einzelnen	58
Aus A. W. Schlegel: Über die Künstler 1790	109

Nachtrag.

Zu V. 7. Klopstock, Mein Irrtum: „Freiheit, Mutter des Heils — Deine Seel' ist Gesetz. Zu V. 82 ff. Schiller, An Demoiselle Slevoigt V. 19 f. Zu V. 299 Der Tanz V. 27. Zu V. 316 u. 466 ff. Geibel II, 104:

Dem Dichter sei der Blick des Sehers eigen,
Der fromm vertraut ist mit des Schicksals Walten.
Ihm muß im Kampf des Neuen sich und Alten
Durch alle Zeit des Lebens Werkstatt zeigen,
An Schuld und Sühnung muß sich ihm der Reigen
Der ew'gen Weltgesetze still entfalten.
Nur wenn er in sich trägt das Maß der Dinge
Gebührt es ihm, daß er die Dinge schlichte,
Gelingt es ihm, daß er die Sphinx bezwinge.

Die Künstler.

1. Wie schön, o Mensch, mit deinem Palmenzweige
Stehst du an des Jahrhunderts Neige,
In edler stolzer Männlichkeit,
Mit aufgeschloß'nem Sinn, mit Geistesfülle,
Voll milden Ernsts, in thatenreicher Stille,
Der reifste Sohn der Zeit,
Frei durch Vernunft, stark durch Gesetze,
Durch Sanftmut groß, und reich durch Schätze,
Die lange Zeit dein Busen dir verschwieg,
Herr der Natur, die deine Fesseln liebet,   10
Die deine Kraft in tausend Kämpfen übet,
Und prangend unter dir aus der Verwildrung stieg!

2. Berauscht von dem errung'nen Sieg,
Verlerne nicht die Hand zu preisen,
Die an des Lebens ödem Strand
Den weinenden verlaß'nen Waisen
Des wilden Zufalls Beute fand,
Die frühe schon der künft'gen Geisterwürde
Dein junges Herz im Stillen zugekehrt,
Und die befleckende Begierde   20
Von deinem zarten Busen abgewehrt,

---

    7. Gesetze Gg   8. Schätze AG   16. Waisen, . . . Beute. K
18. Geisterwürde, Gg

Die Gütige, die deine Jugend
In hohen Pflichten spielend unterwies
Und das Geheimnis der erhab'nen Tugend
In leichten Rätseln dich erraten ließ,
Die, reifer nur ihn wieder zu empfangen,
In fremde Arme ihren Liebling gab,
O falle nicht mit ausgeartetem Verlangen
Zu ihren niedern Dienerinnen ab!
30   Im Fleiß kann dich die Biene meistern,
In der Geschicklichkeit ein Wurm dein Lehrer sein,
Dein Wissen teilest du mit vorgezog'nen Geistern,
Die Kunst, o Mensch, hast du allein.

3. Nur durch das Morgenthor des Schönen
Drangst du in der Erkenntnis Land.
An höhern Glanz sich zu gewöhnen,
Übt sich am Reize der Verstand.
Was bei dem Saitenklang der Musen
Mit süßem Beben dich durchdrang,
40   Erzog die Kraft in deinem Busen,
Die sich dereinst zum Weltgeist schwang.

4. Was erst, nachdem Jahrtausende verflossen,
Die alternde Vernunft erfand,
Lag im Symbol des Schönen und des Großen
Voraus geoffenbart dem kindischen Verstand.
Ihr holdes Bild hieß uns die Tugend lieben,
Ein zarter Sinn hat vor dem Laster sich gesträubt,
Eh' noch ein Solon das Gesetz geschrieben,
Das matte Blüten langsam treibt.
50   Eh' vor des Denkers Geist der kühne
Begriff des ew'gen Raumes stand,
Wer sah hinauf zur Sternenbühne,
Der ihn nicht ahndend schon empfand?

34—41. S. 18.   43. älternde A   53. ahnend K

5. Die, eine Glorie von Orionen
Um's Angesicht, in hehrer Majestät,
Nur angeschaut von reineren Dämonen,
Verzehrend über Sternen geht,
Gefloh'n auf ihrem Sonnenthrone,
Die furchtbar herrliche Urania,
Mit abgelegter Feuerkrone 60
Steht sie — als Schönheit vor uns da.
Der Anmut Gürtel umgewunden,
Wird sie zum Kind, daß Kinder sie verstehn,
Was wir als Schönheit hier empfunden,
Wird einst als Wahrheit uns entgegen gehn.

6. Als der Erschaffende von seinem Angesichte
Den Menschen in die Sterblichkeit verwies,
Und eine späte Wiederkehr zum Lichte
Auf schwerem Sinnenpfad ihn finden hieß,
Als alle Himmlischen ihr Antlitz von ihm wandten, 70
Schloß sie, die Menschliche, allein
Mit dem verlassenen Verbannten
Großmütig in die Sterblichkeit sich ein.
Hier schwebt sie, mit gesenktem Fluge,
Um ihren Liebling, nah am Sinnenland,
Und malt mit lieblichem Betruge
Elysium auf seine Kerkerwand.

7. Als in den weichen Armen dieser Amme
Die zarte Menschheit noch geruht,
Da schürte heil'ge Mordsucht keine Flamme, 80
Da rauchte kein unschuldig Blut.
Das Herz, das sie an sanften Banden lenket,
Verschmäht der Pflichten knechtisches Geleit;
Ihr Lichtpfad, schöner nur geschlungen, senket
Sich in die Sonnenbahn der Sittlichkeit.

---

60. Feuerkrone, Gg 63. verstehn: A 65. einst] dort Körner II 13.
72. Verlassenen Gg

Die ihrem keuschen Dienste leben
Versucht kein nied'rer Trieb, bleicht kein Geschick;
Wie unter heilige Gewalt gegeben
Empfangen sie das reine Geisterleben,
90 Der Freiheit süßes Recht, zurück.

8. Glückselige, die sie — aus Millionen
Die Reinsten — ihrem Dienst geweiht,
In deren Brust sie würdigte zu thronen,
Durch deren Mund die Mächtige gebeut,
Die sie auf ewig flammenden Altären
Erkor das heil'ge Feuer ihr zu nähren,
Vor deren Aug' allein sie hüllenlos erscheint,
Die sie in sanftem Bund um sich vereint!
Freut euch der ehrenvollen Stufe,
100 Worauf die hohe Ordnung euch gestellt!
In die erhab'ne Geisterwelt
War't ihr der Menschheit erste Stufe!

9. Eh' ihr das Gleichmaß in die Welt gebracht,
Dem alle Wesen freudig dienen —
Ein unermeß'ner Bau, im schwarzen Flor der Nacht
Nächst um ihn her mit mattem Strahl beschienen,
Ein streitendes Gestaltenheer,
Die seinen Sinn in Sklavenbanden hielten,
Und ungesellig, rauh wie er,
110 Mit tausend Kräften auf ihn zielten,
— So stand die Schöpfung vor dem Wilden.
Durch der Begierde blinde Fessel nur
An die Erscheinungen gebunden,
Entfloh ihm, ungenossen, unempfunden,
Die schöne Seele der Natur.

10. Und wie sie fliehend jetzt vorüber fuhr,
Ergriffet ihr die nachbarlichen Schatten

---

102. Stufe A 105f. Bau, im ... Nacht, Nächst ... her, mit K
106. her, mit Gg 106. Strahle nur beschienen, A

Mit zartem Sinn, mit stiller Hand,
Und lerntet in harmon'schem Band
Gesellig sie zusammen gatten. 120
Leichtschwebend fühlte sich der Blick
Vom schlanken Wuchs der Ceder aufgezogen,
Gefällig strahlte der Krystal der Wogen
Die hüpfende Gestalt zurück.
Wie konntet ihr des schönen Winks verfehlen,
Womit euch die Natur hilfreich entgegen kam?
Die Kunst, den Schatten ihr nachahmend abzustehlen,
Wies euch das Bild, das auf der Woge schwamm.
Von ihrem Wesen abgeschieden,
Ihr eig'nes liebliches Phantom, 130
Warf sie sich in den Silberstrom,
Sich ihrem Räuber anzubieten.
Die schöne Bildkraft ward in eurem Busen wach.
Zu edel schon, nicht müßig zu empfangen,
Schuft ihr im Sand — im Thon den holden Schatten nach,
Im Umriß ward sein Dasein aufgefangen.
Lebendig regte sich des Wirkens süße Lust —
Die erste Schöpfung trat aus eurer Brust.

11. Von der Betrachtung angehalten,
Von eurem Späheraug' umstrickt, 140
Verrieten die vertraulichen Gestalten
Den Talisman, wodurch sie euch entzückt.
Die wunderwirkenden Gesetze,
Des Reizes ausgeforschte Schätze
Verknüpfte der erfindende Verstand
In leichtem Bund in Werken eurer Hand.
Der Obeliske stieg, die Pyramide,
Die Herme stand, die Säule sprang empor,
Des Waldes Melodie floß aus dem Haberrohr,
Und Siegesthaten lebten in dem Liede. 150

12. Die Auswahl einer Blumenflur
Mit weiser Wahl in einen Strauß gebunden,
So trat die erste Kunst aus der Natur;

Jetzt wurden Sträuße schon in einen Kranz gewunden,
Und eine zweite höh're Kunst erstand
Aus Schöpfungen der Menschenhand.
Das Kind der Schönheit, sich allein genug,
Vollendet schon aus eurer Hand gegangen,
Verliert die Krone, die es trug,
160 Sobald es Wirklichkeit empfangen.
Die Säule muß, dem Gleichmaß unterthan,
An ihre Schwestern nachbarlich sich schließen,
Der Held im Heldenheer zerfließen.
Des Mäoniden Harfe stimmt voran.

13. Bald drängten sich die staunenden Barbaren
Zu diesen neuen Schöpfungen heran.
Seht, riefen die erfreuten Scharen,
Seht an, das hat der Mensch gethan!
In lustigen geselligeren Paaren
170 Riß sie des Sängers Leier nach,
Der von Titanen sang und Riesenschlachten,
Und Löwentötern, die, so lang der Sänger sprach,
Aus seinen Hörern Helden machten.
Zum erstenmal genießt der Geist;
Erquickt von ruhigeren Freuden,
Die aus der Ferne nur ihn weiden,
Die seine Gier nicht in sein Wesen reißt,
Die im Genusse nicht verscheiden.

14. Jetzt wand sich von dem Sinnenschlafe
180 Die freie schöne Seele los,
Durch euch entfesselt, sprang der Sklave
Der Sorge in der Freude Schoß.
Jetzt fiel der Tierheit dumpfe Schranke,
Und Menschheit trat auf die entwölkte Stirn,
Und der erhab'ne Fremdling, der Gedanke,
Sprang aus dem staunenden Gehirn.

---

154. werden Sträuße GgK 163. zerfließen, A 170. Zitter statt Leier A 172. solang G

Jetzt stand der Mensch und wies den Sternen
Das königliche Angesicht,
Schon dankte nach erhab'nen Fernen
Sein sprechend Aug' dem Sonnenlicht. 190
Das Lächeln blühte auf der Wange,
Der Stimme seelenvolles Spiel
Entfaltete sich zum Gesange,
Im feuchten Auge schwamm Gefühl,
Und Scherz mit Huld in anmutsvollem Bunde
Entquollen dem beseelten Munde.

15. Begraben in des Wurmes Triebe,
Umschlungen von des Sinnes Lust,
Erkanntet ihr in seiner Brust
Den edlen Keim der Geisterliebe. 200
Daß von des Sinnes niederm Triebe
Der Liebe beß'rer Keim sich schied,
Dankt er dem ersten Hirtenlied.
Geadelt zur Gedankenwürde,
Floß die verschämtere Begierde
Melodisch aus des Sängers Mund.
Sanft glühten die betauten Wangen,
Das überlebende Verlangen
Verkündigte der Seelen Bund.

16. Der Weisen Weisestes, der Milden Milde, 210
Der Starken Kraft, der Edeln Grazie,
Vermähltet ihr in Einem Bilde
Und stelltet es in eine Glorie.
Der Mensch erbebte vor dem Unbekannten,
Er liebte seinen Widerschein;
Und herrliche Heroen brannten
Dem großen Wesen gleich zu sein.

189. in statt nach A   201. niedrem GK, vergl. B. 387.   204. ohne Komma Gg   213. eine ist durch Körner veranlaßt, Maria Stuart II 9 V. 977 in Glorie, wie hier ursprünglich.   217. sein, Gg

Den ersten Klang vom Urbild alles Schönen
Ihr ließet ihn in der Natur ertönen.

220 17. Der Leidenschaften wilden Drang,
Des Glückes regellose Spiele,
Der Pflichten und Instinkte Zwang
Stellt ihr mit prüfendem Gefühle,
Mit strengem Richtscheit nach dem Ziele.
Was die Natur auf ihrem großen Gange
In weiten Fernen auseinander zieht,
Wird auf dem Schauplatz, im Gesange
Der Ordnung leicht gefaßtes Glied.
Vom Eumenidenchor geschrecket,
230 Zieht sich der Mord, auch nie entdecket,
Das Los des Todes aus dem Lied.
Lang, eh' die Weisen ihren Ausspruch wagen,
Löst eine Ilias des Schicksals Rätselfragen
Der jugendlichen Vorwelt auf;
Still wandelte von Thespis Wagen
Die Vorsicht in den Weltenlauf.

18. Doch in den großen Weltenlauf
Ward euer Ebenmaß zu früh getragen.
Als des Geschickes dunkle Hand,
240 Was sie vor eurem Auge schnürte,
Vor eurem Aug' nicht auseinander band,
Das Leben in die Tiefe schwand,
Eh' es den schönen Kreis vollführte —
Da führet ihr aus kühner Eigenmacht
Den Bogen weiter durch der Zukunft Nacht;
Da stürztet ihr euch ohne Beben
In des Avernus schwarzen Ozean,
Und trafet das entfloh'ne Leben
Jenseits der Urne wieder an:
250 Da zeigte sich mit umgestürztem Lichte,
An Kastor angelehnt, ein blühend Polluxbild;

Der Schatten in des Mondes Angesichte,
Eh' sich der schöne Silberkreis erfüllt.

19. Doch höher stets, zu immer höhern Höhen
Schwang sich der schaffende Genie.
Schon sieht man Schöpfungen aus Schöpfungen erstehen,
Aus Harmonien Harmonie.
Was hier allein das trunk'ne Aug' entzückt,
Dient unterwürfig dort der höhern Schöne;
Der Reiz, der diese Nymphe schmückt,   260
Schmilzt sanft in eine göttliche Athene:
Die Kraft, die in des Ringers Muskel schwillt,
Muß in des Gottes Schönheit lieblich schweigen;
Das Staunen seiner Zeit, das stolze Jovisbild
Im Tempel zu Olympia sich neigen.

20. Die Welt, verwandelt durch den Fleiß,
Das Menschenherz, bewegt von neuen Trieben,
Die sich in heißen Kämpfen üben,
Erweitern euren Schöpfungskreis.
Der fortgeschritt'ne Mensch trägt auf erhob'nen Schwingen 270
Dankbar die Kunst mit sich empor,
Und neue Schönheitswelten springen
Aus der bereicherten Natur hervor.
Des Wissens Schranken gehen auf,
Der Geist, in euren leichten Siegen
Geübt mit schnell gezeitigtem Vergnügen
Ein künstlich All von Reizen zu durcheilen,
Stellt der Natur entlegenere Säulen,
Ereilet sie auf ihrem dunkeln Lauf.
Jetzt wägt er sie mit menschlichen Gewichten,   280
Mißt sie mit Maßen, die sie ihm geliehn;
Verständlicher in seiner Schönheit Pflichten
Muß sie an seinem Aug' vorüber ziehn,

---

262. Fechters Muskel A. 274. Absatz A. 283. ziehn. A.

In selbstgefäll'ger jugendlicher Freude
Leiht er den Sphären seine Harmonie,
Und preiset er das Weltgebäude,
So prangt es durch die Symmetrie.

21. In allem, was ihn jetzt umlebet,
Spricht ihn das holde Gleichmaß an.
290 Der Schönheit gold'ner Gürtel webet
Sich mild in seine Lebensbahn;
Die selige Vollendung schwebet
In euren Werken siegend ihm voran.
Wohin die laute Freude eilet,
Wohin der stille Kummer flieht,
Wo die Betrachtung denkend weilet,
Wo er des Elends Thränen sieht,
Wo tausend Schrecken auf ihn zielen,
Folgt ihm ein Harmonienbach,
300 Sieht er die Huldgöttinnen spielen,
Und ringt in still verfeinerten Gefühlen
Der lieblichen Begleitung nach.
Sanft, wie des Reizes Linien sich winden,
Wie die Erscheinungen um ihn
In weichem Umriß in einander schwinden,
Flieht seines Lebens leichter Hauch dahin.
Sein Geist zerrinnt im Harmonienmeere,
Das seine Sinne wollustreich umfließt,
Und der hinschmelzende Gedanke schließt
310 Sich still an die allgegenwärtige Cythere.
Mit dem Geschick in hoher Einigkeit,
Gelassen hingestützt auf Grazien und Musen,
Empfängt er das Geschoß, das ihn bedräut,
Mit freundlich dargebot'nem Busen,
Vom sanften Bogen der Notwendigkeit.

---

288. allem was ... umlebet AG   300. spielen Gg   305. schwinden
AG   307. ohne Komma AG

22. Vertraute Lieblinge der sel'gen Harmonie,
Erfreuende Begleiter durch das Leben,
Das Edelste, das Teuerste, was sie,
Die Leben gab, zum Leben uns gegeben!
Daß der entjochte Mensch jetzt seine Pflichten denkt, 820
Die Fessel liebet, die ihn lenkt,
Kein Zufall mehr mit eh'rnem Zepter ihm gebeut,
Dies dankt euch — eure Ewigkeit,
Und ein erhab'ner Lohn in eurem Herzen.
Daß um den Kelch, worin uns Freiheit rinnt,
Der Freude Götter lustig scherzen,
Der holde Traum sich lieblich spinnt,
Dafür seid liebevoll umfangen!

23. Dem prangenden, dem heitern Geist,
Der die Notwendigkeit mit Grazie umzogen, 830
Der seinen Äther, seinen Sternenbogen
Mit Anmut uns bedienen heißt,
Der, wo er schreckt, noch durch Erhabenheit entzücket,
Und zum Verheeren selbst sich schmücket,
Dem großen Künstler ahmt ihr nach.
Wie auf dem spiegelhellen Bach
Die bunten Ufer tanzend schweben,
Das Abendrot, das Blütenfeld,
So schimmert auf dem dürst'gen Leben
Der Dichtung muntre Schattenwelt. 840
Ihr führet uns im Brautgewande
Die fürchterliche Unbekannte,
Die unerweichte Parze vor.
Wie eure Urnen die Gebeine,
Deckt ihr mit holdem Zauberscheine
Der Sorgen schauervollen Chor.
Jahrtausende hab' ich durcheilet,
Der Vorwelt unabsehlich Reich:
Wie lacht die Menschheit, wo ihr weilet,
Wie traurig liegt sie hinter euch! 850

318f. sie die AG   329. Geist AG

24. Die einst mit flüchtigem Gefieder
Voll Kraft aus euren Schöpferhänden stieg,
In eurem Arm fand sie sich wieder,
Als durch der Zeiten stillen Sieg
Des Lebens Blüte von der Wange,
Die Stärke von den Gliedern wich,
Und traurig, mit entnervtem Gange,
Der Greis an seinem Stabe schlich.
Da reichtet ihr aus frischer Quelle
360 Dem Lechzenden die Lebenswelle.
Zweimal verjüngte sich die Zeit,
Zweimal von Samen, die ihr ausgestreut.

25. Vertrieben von Barbarenheeren,
Entrisset ihr den letzten Opferbrand
Des Orients entheiligten Altären,
Und brachtet ihn dem Abendland.
Da stieg der schöne Flüchtling aus dem Osten,
Der junge Tag, im Westen neu empor,
Und auf Hesperiens Gefilden sproßten
370 Verjüngte Blüten Joniens hervor.
Die schönere Natur warf in die Seelen
Sanft spiegelnd einen schönen Widerschein,
Und prangend zog in die geschmückten Seelen
Des Lichtes große Göttin ein.
Da sah man Millionen Ketten fallen,
Und über Sklaven sprach jetzt Menschenrecht,
Wie Brüder friedlich miteinander wallen,
So mild erwuchs das jüngere Geschlecht.
Mit inn'rer hoher Freudenfülle
380 Genießt ihr das gegeb'ne Glück,
Und tretet in der Demut Hülle
Mit schweigendem Verdienst zurück.

360. Interpunktion fehlt G, Komma statt Punkt in g
375. Interpunktion fehlt in Gg

26. Wenn auf des Denkens frei gegeb'nen Bahnen
Der Forscher jetzt mit kühnem Glücke schweift,
Und, trunken von siegrufenden Päanen,
Mit rascher Hand schon nach der Krone greift;
Wenn er mit niederm Söldnerslohne
Den edlen Führer zu entlassen glaubt,
Und neben dem geträumten Throne
Der Kunst den ersten Sklavenplatz erlaubt: —   390
Verzeiht ihm — der Vollendung Krone
Schwebt glänzend über eurem Haupt.
Mit euch, des Frühlings erster Pflanze,
Begann die seelenbildende Natur,
Mit euch, dem freud'gen Erntekranze,
Schließt die vollendende Natur.

27. Die von dem Thon, dem Stein bescheiden aufgestiegen,
Die schöpferische Kunst umschließt mit stillen Siegen
Des Geistes unermeß'nes Reich.
Was in des Wissens Land Entdecker nur ersiegen,   400
Entdecken sie, ersiegen sie für euch.
Der Schätze, die der Denker aufgehäufet,
Wird er in euren Armen erst sich freun,
Wenn seine Wissenschaft, der Schönheit zugereifet,
Zum Kunstwerk wird geadelt sein —
Wenn er auf einen Hügel mit euch steiget,
Und seinem Auge sich, in mildem Abendschein,
Das malerische Thal — auf einmal zeiget.
Je reicher ihr den schnellen Blick vergnüget,
Je höh're schön're Ordnungen der Geist   410
In einem Zauberbund durchflieget,
In einem schwelgenden Genuß umkreist;
Je weiter sich Gedanken und Gefühle
Dem üppigeren Harmonienspiele,
Dem reichern Strom der Schönheit aufgethan —
Je schön're Glieder aus dem Weltenplan,

---
383. Denkers K 388. edeln A cfr. 200; anders alle 211. 388. glaubt; Gg 398. Kunst, umschließt AG 409. Absatz A 412. umkreißt AG

Die jetzt verstümmelt seine Schöpfung schänden,
Sieht er die hohen Formen dann vollenden,
Je schön're Rätsel treten aus der Nacht,
420 Je reicher wird die Welt, die er umschließet,
Je breiter strömt das Meer, mit dem er fließet,
Je schwächer wird des Schicksals blinde Macht,
Je höher streben seine Triebe,
Je kleiner wird er selbst, je größer seine Liebe.
So führt ihn, in verborg'nem Lauf,
Durch immer rein're Formen, rein're Töne,
Durch immer höh're Höhn und immer schön're Schöne
Der Dichtung Blumenleiter still hinauf —
Zuletzt, am reifen Ziel der Zeiten,
430 Noch eine glückliche Begeisterung,
Des jüngsten Menschenalters Dichterschwung,
Und — in der Wahrheit Arme wird er gleiten.

28. Sie selbst, die sanfte Cypria,
Umleuchtet von der Feuerkrone,
Steht dann vor ihrem münd'gen Sohne
Entschleiert — als Urania;
So schneller nur von ihm erhaschet,
Je schöner er von ihr geflohn!
So süß, so selig überraschet
440 Stand einst Ulyssens edler Sohn,
Da seiner Jugend himmlischer Gefährte
Zu Jovis Tochter sich verklärte.

29. Der Menschheit Würde ist in eure Hand gegeben,
Bewahret sie!
Sie sinkt mit euch! Mit euch wird sie sich heben!
Der Dichtung heilige Magie
Dient einem weisen Weltenplane,
Still lenke sie zum Ozeane
Der großen Harmonie!

425. Absatz A   426. reine Töne GG   434. ohne Komma AG
445. wird die Gesunkene sich heben! A

30. Von ihrer Zeit verstoßen flüchte
Die ernste Wahrheit zum Gedichte
Und finde Schutz in der Kamönen Chor.
In ihres Glanzes höchster Fülle,
Furchtbarer in des Reizes Hülle,
Erstehe sie in dem Gesange
Und räche sich mit Siegesklange
An des Verfolgers feigem Ohr.

31. Der freisten Mutter freie Söhne
Schwingt euch mit festem Angesicht
Zum Strahlensitz der höchsten Schöne,
Um and're Kronen buhlet nicht.
Die Schwester, die euch hier verschwunden,
Holt ihr im Schoß der Mutter ein;
Was schöne Seelen schön empfunden,
Muß trefflich und vollkommen sein.
Erhebet euch mit kühnem Flügel
Hoch über euren Zeitenlauf;
Fern dämm're schon in eurem Spiegel
Das kommende Jahrhundert auf.
Auf tausendfach verschlung'nen Wegen
Der reichen Mannigfaltigkeit
Kommt dann umarmend euch entgegen
Am Thron der hohen Einigkeit.
Wie sich in sieben milden Strahlen
Der weiße Schimmer lieblich bricht,
Wie sieben Regenbogenstrahlen
Zerrinnen in das weiße Licht,
So spielt in tausendfacher Klarheit
Bezaubernd um den trunk'nen Blick,
So fließt in Einen Bund der Wahrheit,
In Einen Strom des Lichts zurück!

458—60. an Körner 25. 12. 1788: Der Freiheit freie Söhne | Erhebet euch zur höchsten Schöne   468. euerm A

Bruchstücke früherer Fassung.

1.

Körner an Schiller, 2. September 1795. III 283:

„Im Anfange („der Macht des Gesanges") erkannte ich die Stelle wieder, die Du in den Künstlern voransetzen wolltest." S. unten S. 21.

2.

Schiller und Lotte 1788—1805. Zweite Ausgabe von Fielitz, Stuttgart 1879. I. S. 130. Schiller an Lotte. 22. November 1788:

„Ich überließ mich süßen dichterischen Träumen; alte erwärmende Ideen wachten wieder bei mir auf. Kurz ich war in dem Zustande, wie es in den Künstlern heißt:

— — in der schöneren Welt,
wo aus nimmer versiegenden Bächen
Lebensfluten der Dürstende trinkt,
und gereinigt von sterblichen Schwächen,
der Geist in des Geistes Umarmungen sinkt."

3.

Briefe von Schiller an Herzog Friedrich Christian von Schleswig-Holstein-Augustenburg über ästhetische Erziehung. In ihrem ungedruckten Urtexte herausgegeben von A. L. J. Michelsen. Berlin, 1876. S. 77. 13. Juli 1793:

„Die Künste des Schönen und Erhabenen beleben, üben und verfeinern das Empfindungsvermögen, sie erheben den Geist von den groben Vergnügungen des Stoffes zum reinen Wohlgefallen an bloßen Formen, und gewöhnen ihn, auch in seine Genüsse Selbstthätigkeit zu mischen. Die wahre Verfeinerung der Gefühle besteht aber jederzeit darin, daß der höhern Natur des Menschen und dem göttlichen Teil seines Wesens, seiner Vernunft und seiner Freiheit, ein Anteil daran verschafft wird.

> Wenn Sinnes Lust und Sinnes Schmerz
> Vereinigt um des Menschen Herz
> Den tausendfachen Knoten schlingen,
> Und zu dem Staub ihn niederziehn,
> Wer ist sein Schutz? Wer rettet ihn?
> Die Künste, die an goldnen Ringen
> Ihn aufwärts zu der Freiheit ziehn,
> Und durch den Reiz veredelter Gestalten
> Ihn zwischen Erd und Himmel schwebend halten."

4.
Ebenda. S. 111:

„Durch das Empfindungsvermögen des Schönen wird also ein Band der Vereinigung zwischen der sinnlichen und geistigen Natur des Menschen geflochten, und das Gemüt von dem Zustand des bloßen Leidens zu der unbedingten Selbstthätigkeit [s. oben Zeile 3] der Vernunft vorbereitet. Die Freiheit der Geister wird bei dem Schönen in die Sinnenwelt eingeführt, und die reine dämonische Flamme läßt hier (wenn Sie mir die Metapher erlauben wollen) auf dem Spiegel der Materie, wie der Tag auf den Morgenwolken, ihre ätherischen Farben spielen.

Ich erinnere mich hier einer Stelle aus meinem Gedicht, die Künstler, die (ich weiß nicht mehr, warum) einer andern aufgeopfert worden ist. Sie mag hier als eine Ruine stehen bleiben:

"Wie mit Glanz sich die Gewölke malen,
Und des Berg's besonnter Gipfel brennt,
Eh' sie selbst, die Königin der Strahlen,
Leuchtend aufzieht an dem Firmament;
Tanzt der Schönheit leicht geschürzte Hore
Der Erkenntnis goldnem Tag voran,
Und die jüngste aus dem Sternenchore
Öffnet sie des Lichtes Bahn."

Es wird die bei Übersendung des Gedichts an Körner fehlende dritte Strophe gewesen sein. II 7: "Der Inhalt dieser fehlenden Strophe ist der: Daß die Kunst zwischen der Sinnlichkeit und Geistigkeit des Menschen das Bindungsglied ausmache, und den gewaltigen Hang des Menschen zu seinem Planeten kontraponderiere; daß sie die Sinnenwelt durch geistige Täuschung veredele, und den Geist rückwärts zu der Sinnenwelt einlade, und dergl."

Zu dem „kontraponderieren" würde freilich auch das unter 3 angeführte Bruchstück passen.

5.

Schiller an Körner den 22. Januar 1789:

„Was ist der Menschen Leben u. s. f., zwischen diesem und dem Vorhergehen, das wir ihm umgethan, ist nur ein Komma; es heißt also: Was ist das Leben der Menschen, wenn ihr ihm nehmet, was die Kunst ihm gegeben hat? Ein ewiger aufgedeckter Anblick der Zerstörung. Ich finde diesen Gedanken sogar tief, denn wenn man aus unserem Leben herausnimmt, was der Schönheit dient, so bleibt nur das Bedürfnis; und was ist das Bedürfnis anders, als eine Verwahrung vor dem immer drohenden Untergang?"

Aus dieser Stelle schließt Robert Boxberger (Schnorr v. Carolsfeld, Archiv für Litteraturgeschichte IV. 1875. S. 274), daß Schillers Gedicht „Poesie des Lebens" seinem Gedankeninhalt nach wie die „Macht des Gesanges" in der ersten Gestalt der

Künstler enthalten war: „Wie Schiller aus zurückgelegten Splittern größerer Gedichte, die unvollendet blieben oder umgearbeitet wurden, kleinere Ganze zu gestalten verstand und liebte, dafür liegen uns Beispiele vor in den „Antiken zu Paris" und in der „Deutschen Muse", die wir jetzt als Splitter des unvollendet gebliebenen Gedichtes zur Feier des Jahrhundertwechsels erkennen müssen". In der histor. krit. Ausgabe steht es XI S. 411—413 und in Boxbergers Ausgabe bei Hempel I S. 542 ff.

Entstehung des Gedichtes.

Die Künstler sind in den letzten Monaten des Jahres 1788 entstanden. Am 9. November desselben las Schiller das Gedicht in Rudolstadt den Freundinnen Karoline und Lotte, die es sehnsüchtig erwarteten — der Künstler heißt es anfangs bei ihnen — vor.[1]) Die Umarbeitung und Vollendung dauerte bis zum März des folgenden Jahres. In diesem Monat erschien es in Wielands deutschem Merkur.

Schiller hatte das Gedicht, nach der ersten Andeutung im Briefe vom 20. Oktober und dem Versprechen in demjenigen vom 14. November 1788, am 12. Januar 1789 ohne die dritte Strophe, des Inhalts, „daß die Kunst zwischen der Sinnlichkeit und Geistigkeit des Menschen das Bindungsglied ausmache"[2]), an Körner mit dem Wunsche gesandt, der Freund möge Zeit und Lust finden, ihm recht viel im Allgemeinen und Einzelnen darüber zu sagen; er bedürfe einer solchen Friktion von außen her sehr, um sich zur fehlenden letzten Hand zu begeistern (Briefwechsel mit Körner II 7).

Da das Gedicht „zu sehr anschwoll", und Schiller die Länge am meisten fürchtete (II 13), so hatte er zwischen der 2. und 4. Strophe „zwei ganze Blätter gestrichen" (II 7); über ein Drittteil war auf diese Art verschwunden (II 12).

Körner bittet den Freund „fußfällig", das neue Gedicht, welches sein Meisterwerk werden könne, nicht zu übereilen und nicht durch Ausstreichen, sondern durch Versetzen der Strophen zu helfen, den vorhandenen Stoff so lange durcheinander zu

---

1) Schiller und Lotte I 108. 123. 135. 179. 186. K. v. Wolzogen, litterarischer Nachlaß I 196.
2) Vergl. dazu oben S. 18.

werfen, bis das schönste Ganze herauskomme (II 9). Nur den Anfang riet er zu opfern, wenn es um die Verse auch schade sei; aber das Bild [vom Strom] sei ein verbrauchtes und keins von der edleren Wirkung der Kunst, um die es sich handle; zudem sei der Sprung von der ersten zur zweiten Strophe zu auffallend (II 9). Im einzelnen bemerkt er etwas zu 11 Stellen (II 9—10). In der Antwort vom 22. Januar wird das Gedicht zum erstenmal „die Künstler" genannt. Die meisten Bemerkungen Körners findet Schiller sehr wahr, einige Mißverständnisse sucht er zu beseitigen, hinsichtlich des Ganzen meint er gleichfalls, daß es schwer halte etwas auszustreichen (II 12); eher dürften Mittelglieder noch fehlen. Die Anfangsstrophe verteidigt er; sie gefiel ihm „auch als Anfangsstrophe". „Sie führt rasch in die Materie und verrät doch auch nicht gleich das ganze Geheimnis. Ich komme so gleichsam durch eine Seitenthüre in die Peterskirche" (II 13). Allerdings bleibe bei diesem Anfange das Schwere die Brücke zu dem Übrigen. Körner konnte sich mit der Anfangsstrophe nicht aussöhnen. Der Eingang durch eine Seitenthür sei freilich gut, aber der Zusammenhang mit dem Folgenden werde dadurch immer schwerer (II 15). Die Länge brauche man nicht zu sehr zu fürchten. „Es kann eben dadurch zu lang werden, daß Du es zu kurz machen willst und wesentliche Glieder der Kette herauswirfst" (II 16). Der beste Ausweg sei vielleicht das Historische und Philosophische zu trennen und aus einem Gedichte zwei zu machen. Die Stelle „Verscheucht von mörderischen Heeren"[1]) sei eine der schönsten, „aber man würde sie im Ganzen nicht vermissen". „Wie, wenn Du diesen Stoff, der hier wirklich nur berührt ist, zu einem besonderen Gedicht ausdehntest?.. Oder wäre das Historische zur Einleitung zu brauchen, etwa zu der bewußten Brücke?" (II 16). Daraufhin nimmt Schiller sogleich, am 31. Januar, die Künstler wieder vor, wiewohl es keine undankbarere Arbeit gebe als „Gedichte in Ordnung zu bringen"; „ein unerhörter Zeitaufwand, und noch dazu ein verlorener: denn meistens kommt man dahin zurück, wovon man anfangs ausging" (II 18). Er

---

1) Jetzt V. 363: Vertrieben von Barbarenheeren.

strich den getadelten Anfang ganz weg, in der Hoffnung, daß die Verse, um die es schade sei, vielleicht für ein anderes Ganze passen würden. In der That verwertete er sie später als Anfang der „Macht des Gesanges". Körner erkannte die Stelle wieder (III 283f).

Schiller eröffnete nun das Gedicht mit einer zwölf Verse (Str. 1) langen Vorstellung des Menschen in seiner jetzigen Vollkommenheit: „dies gab mir Gelegenheit zu einer guten Schilderung dieses Jahrhunderts von seiner besseren Seite". — „Von da mache ich den Übergang zur Kunst, die seine Wiege war, und der Hauptgedanke des Gedichts wird flüchtig antizipiert und hingeworfen (II 25 f.).

Am 3. Februar war er fertig und — „zufrieden", wie er an Karoline v. Lengefeld am 5. Februar (Schiller und Lotte I² S. 215) schrieb. Trotz dieser Zufriedenheit war die Arbeit aber noch keineswegs beendet.

Wenn Schiller das Gedicht „gern recht vollendet" wünschte, so hat viel Einfluß darauf gehabt — Goethe (II 21). Verständnis für diesen besaß er damals noch nicht. Er hielt ihn für einen „Egoisten in ungewöhnlichem Grade"; derselbe erweckte in ihm „eine ganz sonderbare Mischung von Haß und Liebe", „eine Empfindung, .. derjenigen nicht ganz unähnlich .., die Brutus und Cassius gegen Cäsar gehabt haben müssen; ich könnte seinen Geist umbringen und ihn wieder von Herzen lieben" (II 21).

Trotzdem lag ihm an Goethes Urteil „überaus viel"[1]). Wie

---

[1]) In dem Briefe an Körner vom 2. 2. 1789 fährt Schiller fort: „Die Götter Griechenlands hat er sehr günstig beurteilt; nur zu lang hat er sie gefunden, worin er auch nicht unrecht haben mag. Sein Kopf ist reif, und sein Urteil über mich wenigstens eher gegen mich, als für mich parteiisch. Weil mir nun überhaupt nur daran liegt, Wahres von mir zu hören, so ist dies gerade der Mensch unter allen die ich kenne, der mir diesen Dienst thun kann. Ich will ihn auch mit Lauschern umgeben, denn ich selbst werde ihn nie über mich befragen."
Zum Heile der deutschen Litteratur und zur Ehre des deutschen Namens ist Schiller in der Folge gerechter gegen Goethe und sich selbst geworden. Wieland hat das Seine dazu beigetragen. Nach der zweiten Unterredung mit diesem über „die Künstler" lautet Schillers Urteil schon anders: an Körner

an Körner schreibt er es auch an Lotte und Karoline (am 12. Februar 1789): „Ich möchte in der That wissen, was Goethe dabei fühlen wird, denn so wenig mir seine Existenz giebt[1]), so hoch schätze ich sein Urteil" (I 225).

Nochmalige Umarbeitung des Gedichtes, mit dem Schiller so „zufrieden" gewesen, daß er sich selbst loben mußte: „ich habe noch nie so Vollendetes gemacht"[2]), veranlaßte eine Unterredung mit Wieland. „Vor einigen Tagen", erzählt er den Schwestern im Briefe vom 12. Februar 1789, „war Wieland bei mir, um eine kleine Fehde, die wir über eine Stelle in den Künstlern hatten, mit mir abzuthun. Das Gespräch führte uns weit in gewisse Mysterien der Kunst. — Wieland war kaum eine halbe Stunde weg, so durchlas ich meine Künstler, einige vorher sehr wert gehaltene Strophen ekelten mich an, und dies gab mir Anlaß 14 neue dazu zu thun, die ich nicht in mir gesucht hätte, d. h. deren Inhalt bisher nur in mir geschlafen hat".

Näheres hatte er drei Tage zuvor an Körner über die Unterredung mit Wieland mitgeteilt, die Anlaß gegeben, daß „ein ganz neues Glied [obige 14 Strophen], welches dem Ganzen eine schöne Rundung giebt", eingefügt ward. „Wieland nämlich

---

II 38—40, ein Keim zur Abhandlung über naive und sentimalische Dichtung. Die Briefe sodann, welche Schiller über Goethes Geist und sein Wesen an diesen geschrieben, in denen er den Freund über ihn und — sich „befragt", sowie Goethes Antworten (4, 5, 7 des Briefwechsels) gehören zu unsern köstlichsten Besitztümern, zu den schönsten Zeugnissen von der Wahrheit und Klarheit unserer beiden großen Dichter.

1) Vergl. an Lotte (3. Januar 1789 S. 194): „Goethe ist nicht bescheiden genug". An Karoline (5. Februar 1789): „Goethe ist noch gegen keinen Menschen, soviel ich weiß, sehe, und gehört habe, zur Ergießung gekommen — er hat sich durch seinen Geist und tausend Verbindlichkeiten Freunde, Verehrer und Vergötterung erworben, aber sich selbst hat er immer behalten, sich selbst hat er nie gegeben. Ich fürchte, er hat sich aus dem höchsten Genuß der Eigenliebe ein Ideal von Glück geschaffen, bei dem er nicht glücklich ist. Dieser Charakter gefällt mir nicht — ich würde mir ihn nicht wünschen, und in der Nähe eines solchen Menschen wäre mir nicht wohl. (Legen Sie dieses Urteil bei Seite. Vielleicht entwickelt ihn uns die Zukunft, oder noch besser, wenn sie ihn widerlegt.) S. 216.

2) Schiller und Lotte I² S. 215.

empfand es sehr unhold, daß die Kunst nach der bisherigen Vorstellung doch nur die Dienerin einer höheren Kultur sei, daß also der Herbst immer weiter gerückt sei als der Lenz, und er ist sehr weit von dieser Demut entfernt. Alles, was wissenschaftliche Kultur in sich begreift, stellt er tief unter die Kunst und behauptet vielmehr, daß jene dieser diene. Wenn ein wissenschaftliches Ganze über ein Ganzes der Kunst sich erhebe, so sei es nur in dem Falle, wenn es selbst ein Kunstwerk werde.

Es ist sehr vieles an dieser Vorstellung wahr und für mein Gedicht vollends wahr genug. Zugleich schien diese Idee schon in meinem Gedichte unentwickelt zu liegen und nur der Heraushebung noch zu bedürfen.[1]

Dieses ist nun geschehen. Nachdem also der Gedanke philosophisch und historisch ausgeführt ist, daß die Kunst die wissenschaftliche und sittliche Kultur vorbereitet habe, so wird nun gesagt, daß diese letztere noch nicht das Ziel selbst sei, sondern nur eine zweite Stufe zu demselben, obgleich der Forscher und Denker sich vorschnell schon in den Besitz der Krone gesetzt und dem Künstler den Platz unter sich angewiesen: dann erst sei die Vollendung des Menschen da, wenn sich wissenschaftliche und sittliche Kultur wieder in Schönheit auflöse:

Der Schätze, die des Denkers Fleiß gehäufet,
Wird er im Arm der Schönheit erst sich freun,
Wenn seine Wissenschaft der Dichtung zugereifet,
Zum Kunstwerk wird geadelt sein (V. 402—8).

Diese Vorstellung führe ich nun auch wieder auf meine Allegorie zurück und lasse die Kunst an diesem Ziele sich dem Menschen in verklärter Gestalt zu erkennen geben. Das Ende von: Der Menschheit Würde u. s. f. an (443 ff.) ist ganz geblieben wie es war... Das Gedicht ist weit größer geworden; aber ich glaube mit Dir, daß es dadurch doch an Kürze gewonnen hat. Es sind auch sonst noch — und an Orten, wo Du es gar nicht vermuten magst — ganze oder halbe Strophen hineingekommen, die meine Hauptidee sehr glücklich ausbilden." (II 26 f.)

---

[1] An Lotte und Karoline 12. Februar 1789. S. vorige Seite Zeile 15.

An Wieland selbst schrieb er bei Rücksendung des Gedichtes für den Merkur: „Ich habe eine Idee, worauf Sie mich neulich geführt haben, in mir reif werden lassen und in dem Gedichte (oder Nichtgedichte, wie Sie wollen) weiter ausgeführt. Sie scheint ihm wirklich als ein notwendiges Glied vorher gefehlt zu haben [vergl. S. 24 Z. 11], und nun däucht mir, hätte es Mannigfaltigkeit und Einheit. Was es aber von den Gedichten im engeren Sinne unterscheidet, ist nur blos allein dieses, daß in die Fabel, die durchs Ganze durchgeht, zuweilen philosophische Stellen eintreten [vergl. S. 27 g. E.], die aber die Fabel auslegen helfen, und das ist die Eigenschaft, die es mit manchen schönen Werken gemeinsam hat. Bedenke ich, daß an einigen Stellen, worin die Kunst in einer nachteiligen Rangordnung erschien, Sie gleich anfangs zurückschlugen, so kann ich mir die unerwartete Art der Aufnahme, die es bei Ihnen fand, leichter erklären, als ich es sonst aus dem Gedichte selbst würde thun können. Bis jetzt denke ich noch zu viel Gutes davon. — Wenn Ihnen eine Überschrift für das Gedicht einfiele, die seine Form näher bestimmte (eine Nebenüberschrift), so würde mir dies sehr lieb sein. Sonst sagen wir philosophisches Gedicht oder lieber gar nichts." (Berl. Br. I 795.)

Körner billigte Wielands Gedanken, um so eher, als er nicht fand, daß in dem Gedichte, wie er es kannte, die Kunst der wissenschaftlichen Kultur nachgefolgt sei. Das neue Glied werde daher sehr gut zu dem übrigen Inhalt passen. Das Gedicht, so ruft er dem Freunde zu, „kann Dein erstes klassisches Produkt werden. Du kannst kühn alle jetzt lebenden Dichter Deutschlands auffordern, einen Pendant dazu zu liefern" (II 31).

Bei der Einfügung des eben erwähnten neuen Gliedes von 14 Strophen blieb es nicht. Wieland brachte das Gedicht noch einmal wieder. Es wurden einige Veränderungen, die angebracht werden sollten, vereinbart und Erörterungen über die ganze Art desselben gepflogen. Schiller berichtet darüber an Körner am 25. Februar 1789 (II 37 f.): „Er (Wieland) wollte es nicht für ein Gedicht erkennen, sondern für philosophische Poesie, in der Art, wie Youngs Nächte u. dergl. Eine Allegorie, die nicht gehalten sei, sich alle Augenblicke entweder in eine neue

Allegorie verliere, oder gar in philosophische Wahrheit übergehe, das Durcheinanderwerfen poetisch=wahrer und wörtlich=wahrer Stellen inkommodiere ihn.¹) Er vermißte die Einheit der Form, die das Ganze macht. Die malerische Sprache und das luxuriöse Übergehen von Bilde zu Bilde blende ihn, so daß er vor Licht nicht sehe u. dergl. Er nennt dieses Poesie in englischem Geschmack und gesteht, daß er sie nicht liebe, ohne sie geradezu kritisch verwerfen zu können. Ich glaube, daß diese Manier sich selbst schaden muß, wenn sie fehlerhaft ist, wenn man nicht weiß und faßt, was der Dichter will, wenn man von der Idee des Ganzen durch das Überladen in die Details zurückgezogen wird (vergl. II 84 f.), so ist die Poesie natürlich falsch; ist es aber immer derselbe Gedanke, den man in diesen neuen Formen wiederfindet, und schließen sie durch eine natürliche Fortschreitung an= einander, so muß, denke ich, diese Üppigkeit in der Ausführung ein Vorzug mehr sein. Die Hauptsache kommt nun bei einem Künstler darauf hinaus, ob der Hauptgedanke, um den ich mich bewege, den höchsten Grad der Anschaulichkeit er= halten hat."

„Dieses und das vorhergegangene Gespräch hieß mich das Gedicht noch einmal ansehen — und hier wurde ich glücklicher= weise einiger Schiefheiten und Halbwahrheiten gewahr, die dem besseren Gesichtspunkte, woraus das Ganze betrachtet sein will, erstaunlichen Abbruch thaten. Ich warf es fast ganz durch=

---

1) Im Gegensatz dazu urteilt Charlotte von Lengefeld an Schiller 22. November 1789 (II² 136): „Ich möchte das Gedicht immer wieder lesen, und kaum habe ichs weggelegt, so möchte ichs wieder nehmen. Wie sehr ziehe ich diese philosophische Poesie (möchte ich sagen) der andern vor. Sie giebt einem immer neuen Genuß. Dahingegen die andere, die nur ein Ausdruck der Empfindungen ist, ein oder mehrmals etwas giebt, und dann nichts mehr, als daß wir die Sprache noch gefällig finden, die uns die Empfindungen schön bezeichnet; aber die Gegenstände selbst verlieren das Interesse, und können uns nur da wieder etwas geben, wenn unsere Seele gerade in der Stimmung des Dichters ist. Wie anders ist es mit der Art von Gedichten wie die Künstler, da findet man in jeder Stimmung neue Schönheiten, und der Reichtum Deines Geistes giebt immer neue höhre Genüsse.

einander" (II 36). Die Folge dieses „jüngsten Gerichts" war, daß eine ganze Kette neuer Strophen [die zweite also neben obigen 14 Strophen] eingeschaltet ward, die das beweisen sollten, was „in der vorigen Edition ganz beweislos hingeworfen war" (II 36). „Ich habe über den Ursprung und Fortgang der Kunst selbst einige Ideen hasardiert und habe alsdann die Art, wie sich aus der Kunst die übrige wissenschaftliche und sittliche Bildung entwickelt hat, mit einigen Pinselstrichen angegeben. Das Ganze hängt nun auch mehr zusammen und dadurch, daß das, womit angefangen wird, im Laufe des Gedichts erwiesen und am Schlusse darauf, als auf das Resultat, zurückgewiesen wird, ist das Gedicht nun ein geschlossener Kreis. Es ist freilich voluminöser geworden, denn es beträgt dreimal soviel, als Du gelesen hast, und Verschiedenes, was Du gelesen hast, ist weg, so daß Du über zweihundert neue Verse finden wirst. Ich bin äußerst begierig, wie Du es nunmehr findest. Der Anfang ist ganz vortrefflich ausgefallen. Ich muß mich selbst loben" (II 37).

Das „Beweisen" in der neuen Fassung machte Körnern stutzig. Er fürchtete, das Gedicht werde dadurch in der That zu dem, wofür Wieland diese Art der Schillerschen Poesie ansah: „mehr eine versificierte philosophische Abhandlung." Wahrheiten, meint er, könnten allerdings ebenso gut begeistern als Empfindungen, und „wenn der Dichter nicht blos lehrt, sondern seine Begeisterung mitteilt, so bleibt er in seiner Sphäre. Was der Philosoph beweisen muß, kann der Dichter als einen gewagten Satz, als einen Orakelspruch hinwerfen.[1]) Die Schönheit der Idee macht, daß man es ihm auf's Wort glaubt" (II 42).

Körners Furcht teilte Schiller nicht. „Ich fürchte nicht meinen Prozeß zu verlieren. Es ist ein Gedicht und keine Philosophie in Versen; und es ist dadurch kein schlechteres Gedicht, wodurch es mehr als ein Gedicht ist" (II 50).

Schließlich muß Körner anerkennen, daß der Anfang „un-

---

1) Ganz ebenso Schlegel in der Besprechung der Künstler, unabhängig von Schiller.

verbesserlich, und viele unter den neuen Stellen von ausgezeichneter Schönheit" sind, daß „Versifikation und Sprache einen Grad von Eleganz haben, der bei diesem Reichtum an Gedanken in Deutschland ohne Beispiel ist." Was er hier und da noch vermißt, ist „eine gewisse Deutlichkeit", ein wesentliches Erfordernis eines Gedichts. Beim ersten Lesen sollte seines Erachtens „jeder gebildete Mensch den Dichter verstehen, wenn er auch gleich nicht seinen Sinn erschöpft. Und selbst ein weniger denkendes Publikum muß einen Begriff mit den Worten verbinden können, wenn auch gleich dieser Begriff immer vollendeter ist, je mehr sich die Seele des Lesers der Seele des Künstlers nähert. Die schönsten Stellen in Deinem Gedichte, wo sich dichterische Einbildung mit philosophischem Gehalte verbindet, sind gerade die lichtvollsten" (II 66).

In der Antwort vom 30. März 1789 fürchtete Schiller, daß Körners „Bemerkung wegen gewisser Dunkelheit im Ausdruck wahr" sei und fand sie bei einigen Lesern, wie Wieland, schon bestätigt. Er erklärte dem Freunde noch mehrere Stellen, änderte aber nichts weiter.

Als er im Jahre 1793 an eine „strenge Korrektur" seiner Gedichte ging und 20 zu einer ersten Sammlung aussuchen wollte (III 101), war ihm „vor der Durchsicht der Künstler am meisten bange" (III 105), denn seine Ideen über Kunst hätten sich „seit der Zeit merklich erweitert, seine Gesichtspunkte sich verändert, manche Meinungen sich ganz und gar widerlegt." „Doch muß ich gestehen, fährt er fort, daß ich noch sehr viel philosophisch-richtiges in den Künstlern finde und darüber ordentlich verwundert bin" (III 106). Am wenigsten befriedigte ihn der „Gang des ganzen Gedichtes."

Erst nach sieben Jahren ward jene erste Auswahl, 67 Gedichte, gedruckt. Körner kam bei der Vorbereitung derselben auf seinen früheren Gedanken zurück: „Aus den Künstlern, die mir besonders lieb sind, ließen sich, däucht mich, zwei Gedichte machen. Manches ist freilich nachher im Reich der Formen („das Ideal und das Leben") poetischer gedacht worden. Aber der historische Teil der Künstler gäbe noch immer ein treffliches Gedicht" (IV 193). Schiller erwiderte: „Deinen Gedanken wegen dieses

Gedichts hatte ich anfangs auch, aber er ist nicht auszuführen.
Leider ist dasselbe durchaus unvollkommen und hat nur einzelne
glückliche Stellen, um die es mir freilich selbst leid thut." (IV 196).
Die Künstler blieben vom ersten Bande ausgeschlossen; erst in
den zweiten, 1803 erschienen, wurden sie aufgenommen.

Daß ihnen nicht das Siegel derjenigen Vollkommenheit auf=
gedrückt ist, die Körner fordert, und von welcher Schiller selbst
in der Recension von Bürgers Gedichten[1]) und besonders schön
bei Beurteilung von Goethes Amyntas[2]) gesprochen, ist gewiß.
Aber so groß sind die Schwierigkeiten doch auch keineswegs, daß
der Genuß durch dieselben notwendig beeinträchtigt werden
müßte, und das Verständnis nur wenigen erschlossen werden
könnte.

Man wird Körnern beistimmen, daß der Gedanke im Ideal
und Leben poetischer ausgedrückt ist, aber schwerer zu verstehen
sind die Künstler nicht. Bei beiden Gedichten kommt es zur
klaren Erfassung darauf an, den Gedanken im einzelnen des
poetischen Gewandes zu entkleiden, ihn in „vernehmlicher Prosa"
nach Schillers eigener Vorschrift auszusprechen und die organische
Gliederung zu erkennen. Nur wenn dies nicht geschieht und die
Hauptidee nicht streng festgehalten wird, findet man unlösbare
Schwierigkeiten in der elften Strophe vom Ideal und Leben und
Wiederholungen, Widersprüche, Mangel an Einheit des Ganzen
in den Künstlern. Gerade „der große harmonische Eindruck des
Ganzen" schwebte Schillers Freundin Karoline nach dem ersten
Lesen „vor der Seele wie eine reiche große Gegend, in der man
sich sehnt alle schönen Pfade zu durchwandeln"[3]). Und wie das
Gedicht einst nicht nur Schillers Freunden „einen eigenen Genuß"
gewährte, weil es der lebendigste Ausdruck seiner eigensten Indi=

---

1) XIV 526.
2) An Goethe 28. November 1797: „Die Elegie (Amyntas) gehört so
recht zu der rein poetischen Gattung, da sie durch ein so simples Mittel, durch
einen spielenden Gebrauch des Gegenstandes, das Tiefste aufregt und das
Höchste bedeutet." Körner an Schiller (IV 122): „Es existiert vielleicht nichts
in der ästhetischen Welt, wo Sinnlichkeit und Seele inniger in einander
verwebt sind."
3) Schiller und Lotte I 252.

vidualität ist, sondern überhaupt begeisterte durch seinen „Reichtum großer Gedanken"[1]) und „in jeder Stimmung neue Schönheiten finden" ließ[2]), so hat es auch heute die gleiche Wirkung nicht verloren[3]), so absprechend Schiller selbst zu Zeiten über dasselbe urteilte, und wie manches davon Körner noch anders wünschte. Ein Lieblingsgedicht des letzteren blieb es trotzdem und mit Recht.

Die folgenden Erörterungen sollen jener klaren Erfassung dienen: den Grundgedanken durch Sonderung der verschiedenen Geistesgebiete vor Vermischung mit Fremdem schützen und mit den beiden Hauptsätzen, daß die Kunst die erste und die vollkommenste Geistesthätigkeit des Menschen ist, vertraut machen.

---

1) Schiller und Lotte I 263.
2) Ebenda II 136.
3) Dem maßlosen Urteil in Vorwort und Einleitung zu den „Künstlern von Fr. Schiller, an der Hand des Textes gemeinverständlich erläutert von Alfred Cleß", Stuttgart 1889, wird freilich niemand trotz des „unbestreitbar" zustimmen. Das „weitaus großartigste und bedeutendste" der Schillerschen Gedichte werden dort die Künstler genannt, „mit (sic!) welch' letzterem an Erhabenheit und Größe der Anschauung, Bedeutung für die Menschheit, deren Aufgabe und Entwickelung kein Gedicht der Welt an die Seite treten kann"!!

Grundgedanke. Verhältnis des Menschen zum Wahren. Wesen der Kunst.

Die Hauptidee des Ganzen hat Schiller selbst angegeben. Am 9. Februar 1789 schreibt er an Körner: „Ich habe nun die Hauptidee des Ganzen, die Verhüllung der Wahrheit und Sittlichkeit in die Schönheit, zur herrschenden und im eigentlichen Verstande zur Einheit gemacht".

Zum Wahren und Guten können wir uns verschieden verhalten. Objektive Gewißheit von demselben erstreben wir in jeder einzelnen Wissenschaft und in der Philosophie, gelangen durch Untersuchung der Erfahrung, durch Schlüsse, durch Auffindung von Gesetzen zur Erkenntnis, wissen vom Wahren und Guten etwas. Aber es giebt für uns nicht nur eine objektive, sondern auch eine subjektive Gewißheit; wir können vom Wahren und Guten nicht nur etwas wissen: wir können, ja wir müssen — dazu zwingt uns unsere Vernunft, unser Vermögen aus Gründen nur durch und aus uns selbst übersinnlich zu denken — an das Wahre und Gute auch glauben.

Das ist das Ende der Philosophie,
Zu wissen, daß wir glauben müssen[1]).

Auch für Goethe war „der Glaube das Ende alles Wissens"[2]), und nie genug kann beherzigt werden, was er einst zu Falk[3]) gesagt: „Sobald man nur von dem Grundsatz ausgeht, daß Wissen und Glauben nicht dazu da sind, einander aufzuheben, sondern einander zu ergänzen, so wird schon überall das Rechte ausgemittelt werden".

---

1) Geibel, Sprüche 4. Werke II 118.
2) An Sulp. Boisserée 25. Februar 1832.
3) Unterhaltungen mit Falk, Januar 1813. S. 66.

Der Inbegriff alles Wahren und Guten ist Gott. Wir finden seine Gebote in unserem Gewissen und werden zu ihm, zu seiner Liebe und Gnade mit innerer Notwendigkeit hingezogen. Er ist nicht ferne von einem jeglichen unter uns (Apostelgesch. 17, 27). „Der Mensch, wie sehr ihn auch die Erde anzieht mit ihren tausend und abertausend Erscheinungen, hebt doch den Blick forschend und sehnend zum Himmel auf, der sich in unermessenen Räumen über ihn wölbt, weil er es tief und klar in sich fühlt, daß er ein Bürger jenes geistigen Reiches sei, woran wir den Glauben nicht abzulehnen noch aufzugeben vermögen"[1]).

Unser Verhältnis zu Gott, seine Erkenntnis und innere Erfahrung[2]) ist Religion, Gebet die Erhebung unserer Seele zu ihm. Im Glauben und Gebet sind wir rein geistig thätig. Wir zweifeln nicht an dem, was wir nicht sehen. Gottes unsichtbares Wesen wird durch das Denken ersehen[3]). In den „Bekenntnissen einer schönen Seele" wird es geschildert[4]). Unsere Empfindungen sind dabei „ganz ohne Phantasie, ohne Bild und geben doch eben die Gewißheit eines Gegenstandes, auf den sie sich beziehen, als die Einbildungskraft, indem sie uns die Züge eines abwesenden Geliebten vormalt"[5]).

Ebenso ist Philosophie, jede Wissenschaft, wenn sie gleich vom Sinnlichen und von der Erfahrung ausgeht, geistige Thätigkeit, die an sich mit der Befriedigung unserer Sinne und unserer Empfindung nichts zu thun hat. Der Philosoph „denkt über das Denken"[6]).

---

1) Goethe, Unterhaltungen mit dem Kanzler von Müller, 29. April 1818, S. 23, und Mitteilungen über Goethe von Johannes Dembowski, Lyck, Programm 1889, S. 10.

2) *Τὸ γνωστὸν τοῦ θεοῦ φανερόν ἐστιν ἐν αὐτοῖς.* Römer 1, 19. Was von Gott zu wissen, zu erkennen ist, ist in ihnen (Luther: ist ihnen; andere: ist unter ihnen) offenbar, denn Gott hat es ihnen offenbart.

3) *Τὰ ἀόρατα αὐτοῦ .. νοούμενα καθορᾶται.* Römer 1, 20.

4) Goethe, Wilhelm Meisters Lehrjahre, Buch 6, Absatz 117 f.

5) A. a. O. Absatz 121.

6) Goethe III 272. Zahme Xenien VII Nr. 408:
"Wie hast du's denn so weit gebracht?
Sie sagen, du habest es gut vollbracht!"

Nun ist der Mensch aber so glücklich, daß er an Gott und Wahrheit nicht nur zu glauben und von derselben etwas zu denken und zu wissen vermag: das Übersinnliche kann auch versinnlicht, das Wahre und Gute in einer Einzelerscheinung, in konkretem Leben verkörpert werden, Gestalt annehmen, so daß wir es wahrnehmen und ohne bewußt Schlüsse zu machen, ohne zu reflektieren, einen unmittelbaren Eindruck auf unser Gefühl gewinnen: wir empfinden das Gute und Wahre in dem, was wir sehen oder hören. Dies geschieht in der Kunst. Wie „Weisen nur zu einsamen Gedanken", brennt das Licht den Künstlern „nur in schönen Bildern"[1]).

Ein Unendliches ahnet, ein Höchstes erschafft die Vernunft sich; In der schönen Gestalt lebt es dem Herzen, dem Blick[2]).

In der Kunst handelt es sich also nicht um einen rein geistigen Vorgang ($\nu o o \acute{\nu} \mu \varepsilon \nu o \nu$, $\nu o \eta \tau \iota \varkappa \acute{o} \nu$) wie bei Religion und Philosophie, nicht blos um Ideen, sondern auch um Wahrnehmung ($\alpha \grave{\iota} \sigma \vartheta \eta \tau \iota \varkappa \acute{o} \nu$); um Versinnlichung von Übersinnlichem; um Gebilde, wie es so richtig heißt; nicht um Ideen, sondern um Ideale[3]) d. h. gestaltete Ideen, um Ideen in individuo. Es wird beiden Seiten unseres Wesens, der geistigen wie sinnlichen, in der Kunst zugleich genügt, in ihr allein. Sie ist „nur durch den Menschen und für ihn"[4]). Sie erbaut und ergötzt die Augen[5]), nur sie kann

„Den äußern Sinn, den innern Sinn erquicken"[6])

„Mein Kind, ich hab' es klug gemacht,
Ich habe nie über das Denken gedacht."

1) Goethe, Für ewig I 199.
2) Schiller, Das Göttliche I, 2. S. 145. (I 531.) Vergl. auch Seume, Wohlthat des Herzens.
3) Kant, Kritik der reinen Vernunft: Des 2. Buchs der transcend. Dial. 3. Hauptstück. Das Ideal der reinen Vernunft. I. Abschnitt. Vom Ideal überhaupt: „Ideal, worunter ich die Idee nicht blos in concreto, sondern in individuo d. i. als ein einzelnes, durch die Idee allein bestimmbares oder gar bestimmtes Ding verstehe." Kritik der Urteilskraft I § 17: „Idee bedeutet eigentlich einen Vernunftbegriff und Ideal die Vorstellung eines einzelnen als einer Idee abäquaten Wesens."
4) Goethe, XXVIII 135.
5) Goethe, Gedichte, II 290.
6) Goethe, Dem Staatsminister von Voigt, am 27. September 1816. II 430.

Die Kunst „veredelt die Sinnlichkeit und versinnlicht die Vernunft"¹). Sie „verknüpft die zwei entgegengesetzten Zustände des Empfindens und des Denkens",²) bringt beide in Übereinstimmung; ihr Begriff ist „kein anderer als der Menschheit [d. i. dem menschlichen Wesen] ihren möglichst vollständigen Ausdruck zu geben"³).

Ihre Werke allein durchlaufen den ganzen Kreis des menschlichen Geistes, wie es Goethe an der schönsten Stelle des 6. Briefes des Sammlers und der Seinigen ausführt: „Der menschliche Geist befindet sich in einer herrlichen Lage, wenn er verehrt, wenn er anbetet, wenn er einen Gegenstand erhebt und von ihm erhoben wird; allein er mag in diesem Zustande nicht lange verharren; der Gattungsbegriff [Verstandesthätigkeit] ließ ihn kalt, das Ideale [= Ideelle] erhob ihn über sich selbst; nun aber möchte er in sich selbst wieder zurückkehren, er möchte jene frühere Neigung, die er zum Individuo gehegt, wieder genießen, ohne in jene Beschränktheit zurückzukehren, und will auch das Bedeutende, das Geisterhebende nicht fahren lassen. Was würde aus ihm in diesem Zustande werden, wenn die Schönheit nicht einträte und das Rätsel glücklich löste! Sie giebt dem Wissenschaftlichen erst Leben und Wärme, und indem sie das Bedeutende, Hohe mildert und himmlischen Reiz darüber ausgießt, bringt sie es uns wieder näher. Ein schönes Kunstwerk hat den ganzen Kreis durchlaufen; es ist nun wieder eine Art Individuum, das wir mit Neigung umfassen, das wir uns zueignen können." Eine schöne Ergänzung zu der oben gegebenen Definition Kants vom Ideal und ganz übereinstimmend mit dem Hauptgedanken unseres Gedichtes Strophe 5 Vers 60 ff. und mit dem der 27. Strophe.

Mit Schiller fortzufahren: „In dem Indifferenzpunkt des Ideellen und Sinnlichen liegt das Poetische" [Künstlerische]⁴). „Die Schönheit ist das Produkt der Zusammenstimmung zwischen dem Geist und den Sinnen, es spricht zu allen Vermögen des

---

1) Schiller, XV 674.
2) Schiller, Brief 18 über ästhet. Erz. XV 399.
3) Schiller, Über naive und sentim. Dichtung. XV 493.
4) Schiller, Über den Gebrauch des Chors. Absatz 18.

Menschen zugleich"¹); durch die Schönheit wird er sich zugleich seiner Freiheit bewußt und empfindet sein Dasein, fühlt sich zugleich als Materie und lernt sich als Geist kennen²); nur die Kunst vermag alle seine Kräfte in lebendiges Spiel zu versetzen und durch völlige Freiheit des Gemüts den höchsten Genuß zu gewähren³), während alles andere uns nur einseitig in Thätigkeit setzt; daher das Wort⁴): „Der Dichter [Künstler] ist der einzige wahre Mensch, und der beste Philosoph ist nur eine Karikatur gegen ihn." Plato ist gleicher Ansicht. „Nur die Schönheit hat das Los zugleich im höchsten Grade in die Augen leuchtend und liebenswert zu sein" sagt er im Phädrus⁵) in Übereinstimmung mit Schiller und Goethe.

Die Kunst ist die „Bürgerin zweier Welten"⁶), ihr Reich ist „die schöne Mitte, wo die Menschheit fröhlich weilt"⁷), ihre Aufgabe,

„Daß sie von geheimem Leben
Offenbaren Sinn erregt"⁸);

„eine Vermittlerin des Unaussprechlichen"⁹), „die lebendig augenblickliche Offenbarung des Unerforschlichen".¹⁰)
An den Grenzen der Menschennatur hinwandelt die Muse,
Wo die unendliche Macht an das Vergängliche rührt;
Aber sie findet die Brücke gestürzt, da wölbt sie der Iris
Glänzenden Pfad und entführt rettend das ewige Teil.

(Geibel.)

Aus dieser sinnlich=geistigen Eigenart der Kunst erklärt sich, daß sich in ihrer Form der menschliche Geist zuerst ausdrückt

---

1) Schiller, Über naive und sentim. Dichtung. XV 541.
2) Schiller, Brief 14 über ästhet. Erz. XV 386.
3) Schiller, Über den Gebrauch des Chors. Absatz 4.
4) Schiller an Goethe, 7. Januar 1795.
5) Kap. 31. 250 D. Κάλλος μόνον ταύτην ἔσχε μοῖραν, ὥστ᾽ ἐκφανέστατον εἶναι καὶ ἐρασμιώτατον.
6) Schiller, Über Anmut und Würde. XV 178.
7) Schiller, Würde der Frauen, vorletzte Strophe der ursprünglichen Fassung.
8) Goethe, Künstlerlied. II 201.
9) Goethe, Sprüche in Prosa. No. 703, XIX 151.
10) Ebenda. No. 273. XIX 63.

ausdrücken muß, daß sie die erste Erzieherin des Menschen=
geschlechts ist. Auch der rohste Volksstamm macht sich ein Bildnis
oder Gleichnis seines Gottes: die erste Regung des Geistes ist
Kunst von Art, so unförmlich die Gebilde sein mögen; er sucht
das geheimnisvoll=übersinnliche Mächtige sich zu versinnbildlichen;
in Mythe und Sage hebt die Erkenntnis des Menschen von Gott
und Welt an, in Märchen und Sprichwort, d. i. der kürzesten
Dichtung[1]), findet seine Weisheit den ersten Ausdruck. „Poesie
ist die Muttersprache des menschlichen Geschlechts" sagte Hamann[2])
und verwies auf Bacos Wort: ut hieroglyphica litteris, sic para-
bolae argumentis antiquiores („Gleichnisse älter als Schlüsse").

Schiller hat vollkommen Recht:

Nur` durch das Morgenthor des Schönen
Drangst Du in der Erkenntnis Land,

so einseitig es klingen mag. Er tritt damit weder der Religion
noch der Wissenschaft in ihrer Bedeutung irgendwie zu nahe.
Religion bleibt „die Belehrerin der Menschen, die ratgebende
Trösterin ihres so dunkeln, so gefahr= und labyrinthvollen Lebens",
wie sie Herder in den Ideen zur Philosophie der Geschichte der
Menschheit[3]) geschildert und gepriesen hat. Schillers Preis der
Kunst als Erzieherin und Belehrerin der Menschen steht damit
nicht in Widerspruch, und Herder selbst nannte sie „die Bildnerin
der Sitten der Menschen und Völker[4])." Die Kunst ist eine
Form geistiger Äußerung, zunächst religiöser. Was wäre die
Kunst ohne die Religion? Nur „aus und mit Religion ist sie
entsprungen", hat Goethe gesagt[5]). Derselbe sprach aber auch
das Wort[6]):

---

1) R. Hildebrand in der Zeitschrift für den deutschen Unterricht. I S. 475.

2) II 258 in Roths Ausgabe. In Franklin Arnolds Auswahl, Gotha, Perthes, 1889. S. 226. Bedenke auch Hamanns Ausspruch ebenda: „in Bildern besteht der ganze Schatz menschlicher Erkenntnis und Glückseligkeit."

3) Buch 4. Kap. 6. XIII 162 Suphan.

4) Wirkung der Dichtkunst auf Sitten der Völker (1778), Werke XVII S. 20 (Hempel).

5) Goethe, XXVIII 800.

6) Goethe, Für junge Dichter 1832! III 210. — Vergl. V. 302 der Künstler.

Jüngling, merke Dir in Zeiten,
Wo sich Geist und Sinn erhöht,
Daß die Muse zu begleiten,
Doch zu leiten nicht versteht.

Und wie Goethe wußte Schiller, daß "Kunst nicht die Bestimmung des Menschen" sei[1]). Unsere Bestimmung ist vielmehr, "uns Erkenntnisse zu erwerben und aus Erkenntnissen zu handeln"[2]). Nicht Frucht, sondern nur Blüte ist ihm die Kunst; dem Lenze, nicht dem Herbste vergleicht er die Künstlererscheinung[3]).

So wenig dem widerspricht, daß er die Kunst die erste Erzieherin des Menschen nennt, so berechtigt war er, sie auch als die Vollenderin der Menschheit zu rühmen. Sie ist die erste Form geistiger Äußerung und Ausdrucksweise und die vollkommenste, da Geist und Stoff in vollendetem Gleichmaß sich nur in einem Werke der Kunst finden können. So weit der Mensch fortschreitet in Erkenntnis und Wissenschaft aller Art: zum Gipfel gelangt er erst, wenn alle Wissenschaft "zum Kunstwerk wird geadelt sein". Die Kunst bleibt die Blüte auch der höchsten Frucht. Nur ein Kunstwerk kann das Höchste bedeuten und zugleich am mächtigsten ergreifen; die Schönheit giebt dem Wissenschaftlichen erst Leben und Wärme, hieß es in Goethes Sammler und den Seinigen[4]). Je größer die Kunst der Darstellung des Tiefsinnigsten wird, um so näher wird man der vollendeten Klarheit kommen, um so sicherer und umfassender auf die Menschen durch das Erforschte und so Geformte wirken[5]).

---

1) An Körner 22. Januar 1789. II 14.
2) Schiller, Über die notwendigen Grenzen beim Gebrauch schöner Formen. Abf. 3. XV 445. — Kürzer und treffender wird man es in der That nicht ausdrücken können: Erkenntnis Gottes, der Welt und unserer selbst.
3) An Körner. II 14. Vergl. auch des Sängers Abschied!
4) S. oben S. 34.
5) "Das vorzüglichste Verflößungsmittel der erlangten geistigen Ausbildung in das allgemeine Leben" nannte Fichte in den Reden an die deutsche Nation (S. 71 Reclam) die Dichtung, und Herder sagt (Wirkung der Dichtkunst auf Völker XVII 43. Hempel): "Lieder sind allemal Gesinnungen unter das Volk zu bringen das wirksamste Mittel gewesen".

Denn einzig veredelt die Form den Gehalt,
Verleiht ihm, verleiht sich die höchste Gewalt¹).

So fern wir von jenem Gipfel sind und so schwer er zu erklimmen ist: wie viel näher sind wir dem Ziele doch in manchen Werken der Wissenschaft gekommen. Vor allen in derjenigen, welcher es Schiller nicht nur als Dichter in den Künstlern wies, sondern in der er den Weg selbst mit bahnte, in der Geschichtschreibung. Er zuerst machte bei uns den Versuch, einen Teil des lesenden Publikums von der Möglichkeit zu überführen, „daß eine Geschichte historisch treu geschrieben sein kann, ohne darum eine Geduldprobe für den Leser zu sein", und einem andern das Geständnis abzugewinnen, „daß die Geschichte von einer verwandten Kunst etwas borgen kann, ohne deswegen notwendig zum Roman zu werden"²). Seine Absicht ist erreicht. Durch die Kunst der Darstellung sind seine geschichtlichen Schriften epochemachend in Deutschland geworden: erst durch sie ist allgemeines Interesse für diese Wissenschaft unter uns erwacht; „Schiller machte die Geschichte volkstümlich und gelesen"³), und seine Ansicht über die Aufgabe des Geschichtschreibers wird heute von allen anerkannt. Ich brauche nur an Niebuhrs Grundsatz zu erinnern, daß der Historiker, da das Überlieferte lückenhaft bleibt, die fehlenden Gruppen zu ergänzen und aus einzelnen Zügen ein Gemälde zu schaffen hat, und anzuführen, was Ranke, in vollster Übereinstimmung mit Schiller in unserem Gedichte in seiner französischen Geschichte sagt⁴): „Die Historie ist zugleich

---

1) Goethe, Pandora. Vergl. dazu, was er an Zelter am 15. Januar 1813 schrieb: „Die Kunst, wie sie sich im höchsten Künstler darstellt, erschafft eine so gewaltsam lebendige Form, daß sie jeden Stoff veredelt und verwandelt".

2) Vorrede zur Geschichte des Abfalls der vereinigten Niederlande von der spanischen Regierung. Weimar, in der Michaelismesse 1788.

3) J. v. Pflugk-Harttung, Über die Entwickelung der deutschen Geschichtswissenschaft. Beilage zur Allg. Zeitung, München 1889, Nr. 193.

4) Werke XII 5. Dazu vergleiche, was Giesebrecht von Rankes eigenem künstlerischen Schaffen in der Gedächtnisrede auf ihn sagt (Allgem. Zeitung. München 1887. Beilage zu Nr. 103—105): „Ruhe zu Kontemplation fand Ranke auf seinen weiten, einsamen Spaziergängen, die er von jeher liebte. Oft sah man ihn abends durch den Tiergarten wandeln, ganz in Gedanken

Kunst und Wissenschaft. Sie hat alle Forderungen der Kritik und Gelehrsamkeit so gut zu erfüllen, wie etwa eine philologische Arbeit; aber zugleich soll sie dem gebildeten Geiste denselben Genuß gewähren wie die gelungenste litterarische Hervorbringung. Man könnte sich zu der Annahme neigen, als ob die Schönheit der Form sich nur auf Kosten der Wahrheit erreichen ließe. Wäre dies der Fall, so würde die Idee der Verbindung von Wissenschaft und Kunst aufgegeben werden müssen und als falsch zu bezeichnen sein. Ich halte mich jedoch von dem Gegenteil überzeugt und denke, daß das auf die Form gerichtete Bestreben sogar den Eifer der Untersuchung befördert. Denn worauf könnte die Darstellung beruhen als auf lebendiger Kenntnis? Diese aber ist nicht zu erreichen außer durch tiefe und erschöpfende Forschung. Eine freie und große Form kann nur aus dem mit dem Geiste vollkommen Ergriffenen hervorgehen".

Solchen zu Kunstwerken geadelten Darstellungen der Geschichte, in denen „der Geschmack genießt, was die Gelehrsamkeit pflanzt"[1]), lassen sich manche aus der Geographie, Naturwissenschaft, Altertumskunde, Sprach- und Litteraturgeschichte zur Seite stellen zum Beweise des Fortschreitens in der Erfüllung von Schillers Forderung[2]). Wie selbst der an sich trockenste Gegen-

---

versunken. Bis tief in die Nacht dehnten sich diese seine Wanderungen aus. Da traten die Begebenheiten früherer Jahrhunderte, die ihn gerade beschäftigten, gleichsam greifbar vor sein geistiges Auge; bei der wunderbaren Kraft der Intuition, womit er zeitlich oder räumlich Weitentferntes sich vollständig vergegenwärtigen konnte, sah er Männer, die jahrhundertelang im Grabe ruhten, wie Mitlebende vor sich. Da haben seine großen Werke Gestalt gewonnen".

1) Schiller, Der gelehrte Arbeiter I 187 (195). — Der schöne Gruß, welchen die Hochschule zu Berlin am 30. Juni 1888 an Gustav Freytag zum 50jährigen Doktorjubiläum sandte, gilt außer dem Dichter „dem Historiker, der, schwere Forschung hinter lieblicher Hülle verbergend, sinnig wie kein zweiter den Werdegang des deutschen Gemüts durch die Jahrhunderte verfolgt hat". Allgem. Zeitung. München 1888. Nr. 219.

2) Vergl. zu der Vorrede der Geschichte des Abfalls der Niederlande auch Viktor Hehns Vorwort zu den Kulturpflanzen und Haustieren, sowie den Schluß S. 450 der 2. Auflage und seine Gedanken über Goethe, I S. 181.

stand durch die schöne Form seiner Behandlung gewinnen kann, dafür scheint mir ein besonders gutes Beispiel Wilhelm Scherers Erörterung über die Lautverschiebung in seinem Buche über Jakob Grimm zu sein.

Am fernsten vom Ideal eines Kunstwerks sind wir, trotz ihrer großartigen Leistungen, in der Philosophie. Gewiß ist die Erfüllung hier am schwierigsten, die Aufgabe aber dennoch dieselbe. Hegel wollte seine Logik „für die Jugend zurichten", das sei doch der beste Prüfstein für die Klarheit. Er erkannte jene Aufgabe damit an.

„Vereinigung der Wahrheit mit der Schönheit, des inneren Gehalts mit dem Reiz der Form ist das Erfordernis wahrer Vollkommenheit"[1]). „Schönheit mit Wahrheit verbunden schafft unvergängliche Werke"[2]). Mit dem schwierigsten Stoffe spielen können, das ist die höchste Meisterschaft[3]). Nur ein Künstler vermag es, nur „der schöne Geist trägt das Gewichtige leicht"[4]), und es setzt, wie hervorgehoben, die völligste Beherrschung des Stoffes voraus. Wie das Kind in seinem Spiel aus allem alles machen kann und um so schöner spielt, sich um so seliger fühlt, je freier es mit den unscheinbarsten und unförmlichsten Gegenständen schaltet und waltet, je Herrlicheres es sich darunter vorstellt: ganz so der Künstler. Schiller liebte diese Bezeichnung des Spiels für die Thätigkeit desselben, unsern Trieb zur Kunst nannte er Spieltrieb[5]); „der Mensch ist nur da ganz Mensch, wo er spielt", sagte er[6]), d. i. wo er künstlerisch schafft oder genießt, wo beiden Seiten seines Wesens genügt wird, wo er im lebendigen Spiel aller seiner Kräfte sich völlig frei im Gemüte fühlt[7]).

---

1) Schiller, XV 674.
2) J. v. Döllinger, Akadem. Vorträge II, am Schluß der Denkrede auf Mignet.
3) Schiller, XIV 525.
4) Schiller, Votivtafeln: Der schöne Geist und der Schöngeist, I Abteilung 2, S. 143 (529).
5) Schiller, XV 387 (14. Brief über ästhet. Erziehung).
6) Schiller, XV 392 (15. Brief).
7) Schiller, Über den Gebrauch des Chors in d. Trag., Abi. 4.

In der Recension von Bürgers Gedichten, den Briefen über die ästhetische Erziehung des Menschengeschlechts, in anderen Abhandlungen wie „über die notwendigen Grenzen beim Gebrauch schöner Formen" und der letzten und vollkommensten — seinem ästhetischen Vermächtnisse — „über den Gebrauch des Chors in der Tragödie", erörtert Schiller jene Gedanken näher; es war daher vieles aus ihnen in den Einzelbemerkungen zu unserem Gedicht anzuführen. In demselben liegen fast alle seine Gedanken über die Kunst im Keime vorgebildet. Seine Ideen erweitern sich später, der Gesichtspunkt verändert sich, aber im Widerspruch mit den Künstlern steht nichts aus den Abhandlungen, vielmehr kehrt vieles sogar in ähnlicher Fassung wieder, und auch da, wo er seinen Anschauungen den vollendetsten poetischen Ausdruck gegeben, im Ideal und Leben, widerstreiten sie denen der „Künstler" nicht. Wie erwähnt, fand der Dichter bei der Auswahl seiner Gedichte im Jahre 1800 noch sehr viel Philosophisch-Richtiges in den Künstlern und war darüber „ordentlich verwundert". Daß jenes der Fall, war aber nur sehr natürlich und keineswegs zum verwundern, da die Hauptidee der Künstler richtig ist und richtig bleibt.

Übereinstimmung mit Goethe.

Auch Goethe hat ihr wiederholt Ausdruck verliehen. Auf diese Übereinstimmung weise ich noch im besonderen hin, bevor ich mich zum Gedicht selbst wende. Wir entfernen uns durch solche Betrachtungen nicht von der Sache, dringen vielmehr dadurch nur tiefer in sie ein.

Den Versuch einer Witterungslehre (XXXIV 47) beginnt Goethe mit den Worten: „Das Wahre, mit dem Göttlichen identisch, läßt sich niemals von uns direkt erkennen; wir schauen es nur im Abglanz, im Beispiel, Symbol, in einzelnen und verwandten Erscheinungen", und einer seiner Sprüche in Prosa (XIX Nr. 430) lautet: „Das Wahre ist gottähnlich; es erscheint nicht unmittelbar, wir müssen es aus seinen Manifestationen erraten".

Die Wahrheit[1]).

Jugendlich kommt sie vom Himmel, tritt vor den Priester und Weisen
Unbekleidet, die Göttin; still blickt sein Auge zur Erde.
Dann ergreift er das Rauchfaß und hüllt demütig verehrend
Sie in durchsichtigen Schleier, daß wir sie zu dulden ertragen.

Das hohe Wesen, das, von den Wolken hergetragen, als alles zu brennen und zu glühen schien, zu ihm heranschwebte, sieht er, da sein Auge im Thale wieder schweifen konnte und der Himmel wieder hell und hehr war, den reinsten Schleier halten und empfängt, was sie ihm lang bestimmt,

aus Morgenduft gewebt und Sonnenklarheit,
der Dichtung Schleier aus der Hand der Wahrheit.

Nach dem Künstlerliede ist die Kunst die Offenbarung der Wahrheit im Schmuck der Schönheit, sie kann jede Prüfung auf Wahrheit aushalten, sich mit der hellsten Klarheit messen:

Wie Natur im Vielgebilde
Einen Gott nur offenbart,
So im weiten Kunstgefilde
Webt ein Sinn der ew'gen Art;
Dieses ist der Sinn der Wahrheit,
Der sich nur mit Schönem schmückt
Und getrost der höchsten Klarheit
Hellsten Tags entgegenblickt.

Den großartigsten Ausdruck aber gab Goethe der Idee, daß die Wahrheit für uns der Hülle bedarf, im 1. Monologe Fausts im 2. Teil.

Die Elfen haben sein Inneres gereinigt vom erlebten Graus, ihn im Tau aus Lethes Flut gebadet; er erwacht, des Lebens Pulse schlagen wieder frisch lebendig, ein Paradies wird um ihn her die Runde. Die Sonne naht: der Berge Gipfel genießen schon des ewigen Lichts, allmählich gelangt es hinab zur Tiefe. Jetzt tritt sie ganz hervor! Ach, da muß er, leider schon geblendet, sich hinwegkehren, vom Augenschmerz durchdrungen.

---

1) Goethe, II 122.

Ein Gleichnis unseres Strebens. Sehnlich hoffen wir das Höchste zu erreichen, zur vollen Klarheit zu gelangen, die ganze Wahrheit zu erfassen („des Lebens Fackel wollten wir entzünden" II V. 4709). Es scheint, wir vermögen es, so vieles erschließt sich uns; da gewahren wir, gerade wenn wir ganz nahe daran zu sein uns dünken, daß wir es doch nicht erreichen können. Wie schmerzlich! Es ist zu viel für uns. Dieselbe Sonne, die uns angezogen, wird zum verschlingenden Feuermeer. Es war uns so viel und so Großes zu schauen gegönnt (Liebe), und doch werden wir weggestoßen vom höchsten Gipfel (Haß). Die volle Wahrheit ist nicht für uns. Unsere Freude wandelt sich zu Schmerz, und, von jenem Feuermeer aller Erkenntnis abgeschreckt, wenden wir den Blick wieder zur Erde und sehnen uns zurück nach der Hülle, unter der wir die Wahrheit zu schauen gewohnt sind[1]), so verschleiert sie unter derselben ist, so kindlich die Anschauung sein mag; ohne einen solchen Schleier können unsere Augen ihr Licht nicht ertragen.

In die Sonne vermögen wir nicht zu sehen; doch wir verzweifeln darum nicht wie Faust früher[2]): so bleibe sie uns denn im Rücken, ihren farbigen Abglanz haben wir zu vollem Genuß und Erhebung, der bunte Bogen ist uns ein köstlicher, erquicklicher Anblick. Nur auf dunkelem Grunde bildet er sich: trotz aller Hemmnisse, Schranken, Leiden — das Himmlische bleibt unser Trost, unsere Kraft und einzig wahre Freude. Nicht wie eine angezündete Fackel ist unser Leben, sondern am farbigen Abglanz[3]) haben wir es. Am Wasserfall, der über Felsenriffen herabstürzt, begreifen wir es: vielfach gehemmt, braust er schäumend, doch zeichnen sich in seinem Bogen bald die Sonnen-

---

1) Vergl. das Vorspiel auf dem Theater, V. 152 ff. Der Dichter verlangt die Zeiten wieder:
    Da Nebel mir die Welt verhüllten . . . .
    Ich hatte nichts, und doch genug:
    Den Drang nach Wahrheit und die Lust am Trug . .
    Gieb meine Jugend mir zurück!
2) Faust I V. 614—784 der Sophienausgabe.
3) Vergl. oben S. 41: „wir schauen es (das Wahre, Göttliche) nur im Abglanz" und die Stelle aus Geibel, S. 35.

strahlen rein, bald verbreitet er, in Luft zerfließend, duftig kühle Schauer umher. Der spiegelt ab das menschliche Bestreben.

Um endlich vor der Angabe des Gedankenganges des Ganzen und des Inhaltes der einzelnen Strophen zum Anfange alles Gesagten, zur „Hauptidee", zurückzukehren, so ist Schiller in dem Briefe an Körner vom 30. März 1789 (II 75) noch einmal auf dieselbe zurückgekommen und hat unter Betonung, daß man „mit einer lebhaften Gegenwart des Hauptgedankens" lesen müsse, diesen dahin angegeben, „daß der Mensch, in dem einmal das Gefühl für Schönheit, für Wohlklang und Ebenmaß rege und herrschend geworden ist, nicht ruhen kann, bis er alles um sich in Einheit auflöst, alle Bruchstücke ganz macht, alles Mangelhafte vollendet, oder, was ebensoviel sagt, bis er alle Formen um sich her den vollkommensten nähert". Schiller fügte also hier der Fassung: „Verhüllung der Wahrheit und Sittlichkeit in Schönheit" die Wirkung dieser Darstellung hinzu.

Gliederung des Gedichts und Gedankengang.

Das Gedicht besteht aus dem Eingange (2 Strophen), drei Teilen (der erste 5, der zweite 13, der dritte wieder 5 Strophen umfassend) und der Anrede an die Künstler (3 Strophen) zum Schluß. Und wie diese Anrede den Beschluß des Ganzen bildet, so steht eine solche auch am Ende der beiden anderen Teile und grenzt als Schluß des einen und als Übergang zum folgenden dieselben deutlich gegen einander ab: den 1. und 2. Teil eine Strophe (8), den 2. und 3. Teil zwei Strophen (22 und 23). Die Form (zweite Person) der beidemal die Teile einleitenden Anrede wird dann in diesen selbst fortgesetzt, nur in wenigen Strophen (13, 19, 28, 30) unterbrochen.

Eingang	1—2
I. Teil	3—7
Anrede	8
II. Teil	9—21
Anrede	22. 23
III. Teil	24—28
Schlußanrede	29. 30. 31

Der Eingang schildert den Menschen „in seiner jetzigen Vollkommenheit" (Schiller an Körner am 9. Februar 1789) — „der reifste Sohn der Zeit", V. 6 —, und nimmt für die Kunst das Verdienst dafür in Anspruch („macht den Übergang zur Kunst, die seine Wiege war, und der Hauptgedanke wird flüchtig anticipiert und hingeworfen" V. 18—25). Er schlägt den Grundaccord an.

I. Teil, 3—7: Das Wesen der Kunst.

Die Kunst öffnet dem Menschen die Erkenntnis seines geistigen Wesens, erzieht dessen Kraft (3). Dies vermag sie, weil das Schöne, das sie schafft, Symbol des Guten und Wahren ist, für das Gute gewinnt, das Wahre empfindend ahnen läßt (4); indem sie es verhüllt, bringt sie es unserer Empfindung um so näher, macht es leicht faßlich, während es ohne Schleier zu hell für uns ist (5).

Einer himmlischen Göttin vergleichbar ist die Schönheit, die uns durch den unwiderstehlichen Zug unseres Herzens zu ihr Bewußtsein und Überzeugung unseres himmlischen Ursprungs sichert (6); ohne Zwang leitet sie uns zum Rechten, bewahrt uns vor Gemeinem und vor aller Furcht, läßt uns göttliche Freiheit spüren (7). Auserwählten Geistern (Genies) hat sie ihr Wesen geoffenbart und sie zu ihren Priestern, zur Verkündigung der Wahrheit berufen. Sie sind die Erzieher der Menschen geworden. Anrede. (8).

II. Teil, 9—21: Wie geschah dies? Entstehung und Einfluß der Kunst.

Für den Menschen in rohem Zustande war die Natur nur ein Chaos feindlicher Kräfte, ein Gegenstand der Furcht oder der Begierde (9). Durch die Kunst lernte er sie anders ansehen, das harmonische Wesen derselben erkennen und, nach dem eigenen Winke der Natur, welche ihm durch den Schatten zeigte, wie Stoff und Form sich sondern, es darstellen, anfangs den Schatten einfach nachahmend (10), oder Eigenes danach bildend (11), sodann einzelnes Schöne zu großen harmonischen Ganzen vereinigend (12). Die Wirkung war bedeutend. Durch das Schöne zur Freude in seiner Seele angeregt und gewonnen, genoß der Mensch geistig (13), fühlte sich in ein neues Reich (der Gedanken) gehoben, ward sich seines höheren Ursprungs stolz und dankbar bewußt und fand entsprechenden Ausdruck dafür im Gesange (14). Dadurch veredelten sich seine Gefühle; die Liebe verwandelte sich aus Sinnenlust zum Seelenbunde (15), vollkommene Abbilder des Göttlichen (Ideale) lehrten es erkennen und lieben und feuerten an zum Streben danach. Durch die Kunst zuerst ist das Göttliche kund gethan (16).

Das Wohlgeordnete in derselben macht alles verständlich, ihre großen Gegenstände erfassen gewaltig die Brust, überzeugen vom göttlichen Walten (17). So viel Rätsel in der Wirklichkeit bleiben: die Kunst läßt auch da nicht im Stich, weist uns hin auf das Jenseits, erzeugt den Glauben an die Unsterblichkeit (18). So Hohes vermag sie; nie bleibt sie stehen, erstrebt immer Voll= kommeneres und Harmonischeres, in dem auch das vollendetste Einzelne dem Ganzen dienen muß (19). Wie sehr die Menschheit fortschreiten mag in Erkenntnis und Wissen, die Kunst behält ihre Geltung. Durch das Maß und die Gesetze, die sie dem Menschen zum Bewußtsein gebracht und ihn anwenden lehrt, bringt er immer tiefer in das Weltganze ein und lernt es immer mehr bewundern (20). Wie sie seine Erkenntnis fördert, be= herrscht sie auch sein Leben, wird maßgebend für Fühlen und Denken, ihre Harmonie strebt er in sich nach allen Seiten zu verwirklichen (21).

Anrede: Die ihr solche Harmonie herzustellen, so uns zu erfreuen vermögt, ewige Liebe und Dankbarkeit ist euch sicher! (22). Ihr gleicht dem gütigen Schöpfer. Wie er wißt ihr selbst das Schreckliche zu schmücken (23).

Übergang: Wo die Kunst gepflegt ward, zeigt die Geschichte der Menschen ein heiteres Bild, ein trübes, wo sie schlummerte (23).

III. Teil, 24—28: Historischer Verlauf des Einflusses der Kunst und Vollendung desselben am Ziel der Menschheit.

(Zweimal hat sich der geisterweckende, verjüngende Ein= fluß der Kunst in der Entwickelungsgeschichte der Menschen be= sonders deutlich gezeigt, sie behält ihn, sie vollendet jene Entwickelung; erst wenn auch die Wissenschaft — wie das Leben, Strophe 21 — zum Kunstwerk geworden, ist diese Vollendung erreicht; Wahrheit und Schönheit unterscheiden sich dann nicht mehr. Das Ziel der Zeiten ist da.)

Die im Mittelalter entartete und gealterte Menschheit ist

durch die Kunst wieder veredelt und verjüngt (24). Nach dem Abblühen der Kunst im Orient ersteht sie neu im Abendlande (25). Der erwachende Geist stellt in seinem Forschertriebe bald die Wissenschaft fälschlich höher als die Kunst; sie bleibt das Höchste (26). Alles, was der Menschengeist erreicht, dient ihr schließlich wieder, wird Stoff für sie. Nur sie allein vermag aus der Wissenschaft ein Ganzes zu machen, ohne sie bleibt dieselbe Bruchstück, unvollendet. Je mehr sie geübt, gepflegt wird und wirkt, um so klarer wird dem Menschen alles im Weltganzen, um so reicher und umfassender wird seine Erkenntnis und Einsicht, um so gefaßter sein Leben, um so selbstloser, um so größer seine Liebe. Am Ende der Entwickelung der Menschheit wird die Form des Schönen so rein, der Schleier, mit welchem es das Wahre umhüllt, so durchsichtig, daß kein Unterschied mehr zwischen Wahrheit und Schönheit bleibt (27). Urania selbst steht vor dem Menschen und er gewahrt mit Erstaunen, daß er, je ausschließlicher er Schönheit erstrebt und je mehr er sich dadurch (scheinbar) von der Wahrheit entfernt hat, er sie um so sicherer gewonnen, wie einst Telemach in Mentor Athene erkannte (28).

Schlußanrede, 29—31.

So erhaben ist die Aufgabe der Künstler; sie sind die Hüter der Menschenwürde, sie sind berufen den Menschen der großen Harmonie aller Wesen einzufügen (29).

Die Wahrheit wird in der Welt überhört: durch die Kunst wirkt sie aber um so sicherer (30), durch die Kunst, welche des Menschen freieste Thätigkeit ist, keinen Zweck verfolgen darf, als höchste Schönheit darzustellen. Dann wirkt sie unwiderstehlich und bringt die Wahrheit zum Siege. So vermag sie aber nur ein Geist zu üben, der seinem Jahrhundert Muster und Spiegel ist. Wie mannigfach die Kunst und ihre Schöpfungen sind, darin müssen Künstler einig sein, daß sie alle das eine ewig Wahre darzustellen haben (31).

Inhalt in „vernehmlicher Prosa".

Eingang. Schilderung des Menschen „in seiner jetzigen Vollkommenheit": ein Bild edler stolzer Männlichkeit. Er vergesse nie, daß er dies vor allem der Kunst verdankt (1. 2).

1. Wie Großes hat der Mensch erreicht, welche Kraft, welchen Adel des Geistes! Jeder Erkenntnis ist der empfängliche Sinn erschlossen (alle die Forschung einengenden Schranken sind gefallen), eine Fülle geistigen Besitzes ist sein eigen. Gleich frei von Engherzigkeit und finsterer Strenge, ist sein Handeln von hohem Ernste geleitet, und seine siegende Thätigkeit gilt den stillen Eroberungen im Reiche der Geister. So vollkommen ist er wie nie zuvor: frei, aber nicht zügellos und willkürlich, sondern in Einsicht seines Wesens, seiner Schranken und Bedingtheit und durch willige Unterwerfung unter dieselben; stark, nicht durch bloß äußere physische Kraft, sondern durch gute feste Ordnung in allen Beziehungen des Lebens; seine Größe sucht er nicht im Geltendmachen seiner Gewalt, sondern in Duldsamkeit und Menschlichkeit (Humanität); sein Reichtum sind die früher ungeahnten Schätze befreiten Fühlens und Denkens; die Kräfte der Natur hat er sich dienstbar zu machen gelernt; sie läßt es sich gefallen, stellt ihm freilich auch immer neue Aufgaben zu ihrer Beherrschung und Ergründung, steigert aber dadurch nur seine Einsicht immer höher, und es gelingt ihm mehr und mehr ihr regelloses Walten zum schönen Maß der Ordnung zu bringen, sie wird durch ihn noch herrlicher.

2. In der Freude über seine Errungenschaft höre der Mensch nie auf sie dankbar zu preisen, die ihn aus seiner Hilflosigkeit befreite, ihn seinen geistigen Beruf zuerst ahnen ließ, von un-

würdiger Sinnlichkeit ihn loszumachen, vor Gemeinem zu bewahren begann, Neigung in seinem Gemüte zur Sittlichkeit weckte, durch ihre allverständlichen lieblichen Bilder die Tugend kennen lehrte — die Kunst. Sie hat die Erziehung des Menschen begonnen; dieselbe weiter zu führen, alle Seiten (Wissen und Können) auszubilden, muß anderen Kräften überlassen werden: zur Vollendung kann sie aber nur durch die Kunst gebracht werden, der alle Fortschritte in Wissen und Können nur wiederum zu dienen haben. Die Kunst ist sein höchstes Vermögen, welches unter allen Wesen ihm allein eignet.

I. Teil. Wesen der Kunst (3—7).

3. Nur durch das Schöne ist der Mensch zu höherer Erkenntnis geführt: das Wohlgefällige fesselte seine Aufmerksamkeit und weckte sein Nachdenken; durch das, was seine innerste Empfänglichkeit erregte, ward er sich seiner geistigen Kraft mehr und mehr bewußt, die das Höchste erreichen sollte und erreichte.

4. Die Erkenntnis des Guten und Wahren erfordert lange Zeit und viele Arbeit des menschlichen Geistes, offenbart aber wird es schon dem Kinderverstande. Das Gute wird ihm vertraut durch Bilder des Schönen und Großen, die ihm Liebe zum Guten, Abscheu vor dem Bösen ins Gemüt prägen, lange bevor das Sittengesetz seine Vorschriften hinstellt, welche ohne jene Empfindung doch nur zu unvollkommener Wirksamkeit gelangen. Ebenso werden Grundwahrheiten der Philosophie, die schwierigsten Begriffe, lange ehe man imstande war sie zu denken, durch den Anblick des Schönen und Großen, durch sinnvolle Naturbetrachtung, im ahnenden Empfinden lebendig.

5. Die reine Wahrheit können nur höhere Geister voll besitzen; unserm Wesen, das an sinnliche Anschauung gebunden ist, widerspricht es und hebt dasselbe auf, die Wahrheit hüllenlos zu sehen, (darum ist sie uns aber keineswegs ganz verschlossen), im Gewande des Schönen thut sie sich uns kund und zwar ist sie in diesem aufs leichteste zu fassen. Erst wenn unsere Seele dem Körperlichen entrückt ist, wird sie, was sie hier als Schönheit liebte, dort als reine Wahrheit erblicken.

6. Als des Menschen Seele vom Himmel ins irdische Leben gebannt, mit Körper umkleidet ward, um sich wieder aus diesem Leben zu jenem emporzuringen, stieg die Schönheit freundlich mit herab und läßt uns dadurch, daß sie das Übersinnliche versinnlicht, trotz unserer Schranken Blicke in jenen Himmel thun.

Ohne Bild: Es besteht der innigste Zusammenhang zwischen ewiger Wahrheit und Schönheit. Die Schönheit der Erscheinung ist eine unmittelbare Offenbarung des Göttlichen, sie ist die früheste, zugleich einfachste und mit ihrem freundlichen Zauber wirksamste und sie hört nicht auf, uns immerfort gegenwärtig zu bleiben und unser Leben durch ihren Anblick zu verschönen.

7. Als sich die Menschheit in ihrem Jugendalter (wie es sich im Griechentum darstellt) ganz der Führung des reinen Schönheitssinnes vertraute, war sie durch naturgemäßes, richtiges Empfinden sicher vor den Verirrungen des Fanatismus. Wenn Sinn für das Schöne uns leitet, ersetzt die Macht eines naiven, unmittelbaren Wohlgefallens das strenge Pflichtgebot; anstatt uns dem Gesetz gezwungen zu unterwerfen, folgen wir dann veredelter Neigung freiwillig und erreichen das Ziel, die Sittlichkeit, anmutender. Pflegen wir das Schöne und lassen wir uns von ihm regieren, so bleiben wir allem Niedrigen und Gemeinen fern (weil es häßlich ist) und bewahren stets Würde, werden nie fassungslos durch Schicksal (weil wir in allem heilige Ordnung gewahren und verehren).

Die wunderbare Wirkung hat die Schönheit: sie gewährt das Höchste, wozu wir bestimmt sind, völlige geistige Freiheit.

8. **Beschluß des I. Teils. Anrede. Preis der Priester der Kunst.**

Wie glücklich diejenigen, welchen verliehen ist das Schöne in seiner ganzen Herrlichkeit im Geiste zu schauen und zu erfassen und es durch ihre Werke in der mannigfachsten und doch immer gleichen Weise (V. 98) andern zu offenbaren; seiner Wirkung teilhaftig zu machen! Welch eine bevorzugte Stellung und hohe Aufgabe haben sie erhalten. Sie haben die Menschen zuerst über die Sinnlichkeit emporgehoben und zum Bewußtsein ihres geistigen Wesens gebracht.

II. Teil. Entwickelung und Einfluß der Kunst (9—21).
(„Ursprung und Fortgang der Kunst", an Körner II 37.)

9. Bevor der Mensch durch die Kunst das schöne, weise Maß, welches in der Schöpfung überall herrscht, gewahr wird, versteht er diese nicht. Er kennt nur das allernächst ihn Umgebende; was er sieht, ist für ihn in seinem rohen Zustande nur drohende Gefahr und Vernichtung oder ein Gegenstand begehrlichen Verlangens: von dem inneren Wesen der Natur, der schönen Harmonie, empfindet er nichts, vermag sich ihrer nicht zu freuen.

10. Dies Unerkannte, dem rohen Menschen Entgehende erfaßten die Künstler in den sie anmutend und freundlich umgebenden Formen feinsinnig und zartfühlend und wußten es durch harmonische Vereinigung derselben darzustellen. Den Fingerzeig dazu gab ihnen die Natur selbst: der schlanke Baum zog ihre Blicke auf sich, er spiegelte sich im Wasser, seinen Schatten brauchten sie nur nachzuahmen, er zeigte, wie die Form vom Stoffe sich löst, bot selbst ein Bild von sich dar und reizte an, dies nicht blos anzuschauen, sondern, was man sah, festzuhalten, die Umrisse nachzuziehen, den Schatten in Thon nachzubilden. So entstanden die ersten Bildwerke.

11. Mit den so erfaßten, zum Gegenstande der Betrachtung und Prüfung gewordenen Gestalten (kein streitendes Heer mehr, V. 107, sondern in harmonischem Verein anmutend) ward man durch fortgesetzte Betrachtung und umfassende scharfe Beobachtung so vertraut, daß der geheimnisvolle Grund des Gefallens an ihnen heraus gefunden, die schönen Verhältnisse erkannt wurden, und man nicht mehr lediglich nachbildete, sondern Eigenes durch ungezwungene Verbindung des in seiner Wirkung Erkannten schuf, Obelisken, Pyramiden, Säulen bildete, Tonwerkzeuge erfand und in Liedern Heldenthaten besang.

12. Wie man aus den Blumen die schönsten auswählt und zu einem Strauße sammelt, so verfuhr die Kunst auf der ersten Stufe einfacher Nachahmung der Natur; auf der zweiten, wie man aus einzelnen Sträußen einen Kranz windet: so schön jeder für sich ist, Wert behält er nur nach dem, wie er zum

größeren Ganzen paßt. Die Säule muß sich der Symmetrie des Tempels unterordnen, der Ruhm des einzelnen Helden wird untergeordnetes Glied in dem Ganzen des Epos, wie es Homer in der Ilias gezeigt.

13. **Einwirkung.** Groß war der Eindruck der Werke Kunstbegabter, das Erstaunen und die Freude darüber unter den anderen Menschen. Der Sänger vereint sie zu fröhlichem Tanz, sie fühlen sich angefeuert zu gleichen Thaten, wie die, welche sie besingen hören; sie genießen zum erstenmale **geistig**, empfinden Lust ohne sinnliche Begierde.

14. Die **Folge davon:** Der Mensch hört auf nur sinnliches Wesen zu sein, es beherrscht ihn nicht mehr allein die Notdurft des Lebens, er empfindet seine Freuden. Er erhebt sich über das Tierische in das bisher unbekannte Reich der Gedanken, zu höherer Würde, richtet sich voll Stolz empor, beginnt dankbaren Herzens seinen göttlichen Ursprung zu verstehen. Heitern Wesens wird er und gefühlvoll; in beseelterem Wort, im Gesang findet er in innigster Empfindung für seine Freude ebenso fröhlichen als anmutigen Ausdruck.

15. Die Liebe veredelt sich unter diesem Einfluß, sie bleibt nicht Sinnenlust, sondern wird vergeistigt. Sobald man beginnt im Liede dem Gefühle Ausdruck zu geben, löst es sich von bloßer Begierde; nicht roh sinnlich, in zarteren Gedanken wirbt der Sänger. Die Gefühle werden inniger, überdauern den Sinnengenuß, ein Bund der Seelen wird geschlossen.

16. Das Ideal, welches die Künstler bilden, das Vollkommenste in einem Ganzen vereinigend und dies dadurch erhöhend, **begeistert den Menschen: so erkennt er das Göttliche**, dessen Abbild jenes nur ist, und während er sonst vor ihm gebebt, **liebt er es in seinem Abglanz und strebt ihm ähnlich zu werden.** Die Kunst hat es zuerst kund gemacht, daß in den Erscheinungen sich das Göttliche offenbart.

17. Die Kunst lehrt das Leben, so viel verschlungen und scheinbar so voll Willkür, durch ihre klare, faßlich geordnete Darstellung verstehen, übt unwiderstehliche Kraft auf die Menschenbrust, löst die Rätsel des Schicksals vor aller Philosophie, zeigt

das Walten der Vorsehung, welches in der Wirklichkeit meist so schwer erkennbar ist.

18. Doch das Leben selbst fügt sich nicht dem Ebenmaß der Künstler: vieles bleibt unausgeglichen und dunkel. Aber auch dafür haben diese das Ihrige gethan: auf das Jenseits hingewiesen, wo das hier Abbrechende sich vollendet. Zu Zwillingen haben sie Leben und Tod gemacht, den Tod nicht als Vernichtung, nur als Schlaf im Genius mit der umgestürzten Fackel uns gezeigt; jener erstere ist nur wie der Schatten, der uns die Mondscheibe nicht voll erleuchtet sehen läßt.

19. Wie Hohes aber die Kunst leistet und erreicht, sie bleibt nie stehen, erstrebt immer Höheres in der Vereinigung von Vorzügen und in der Verschmelzung des Einzelnen zu immer vollkommenerem Ganzen. Beispiele: Der Apoll von Belvedere (wie ihn Winckelmann beschrieben) und der Zeus des Phidias, der sich dem Tempel zu Olympia einfügen muß.

20. Wie sehr sich durch die Arbeit der Menschen alles verändert, wie immer die Neigungen und Ziele derselben wechseln mögen: die Kunst zieht daraus nur neue Nahrung und Stoff und behält ihren Einfluß und ihre Geltung bei ihnen, wie weit sie auch fortschreiten. Durch sie gewöhnt, überall Klarheit und Ordnung zu sehen, alles als ein Ganzes aufzufassen, bringt der Mensch tiefer in die Erkenntnis des Weltganzen ein, betrachtet und ergründet es nach den nämlichen Gesetzen der Schönheit, überträgt sie in der Freude über das Gefundene auf die Bewegungen des Himmels (Sphärenharmonie) und, was ihn am meisten an der Welt in Erstaunen setzt, ist ihre schöne Ordnung (Kosmos).

21. Wie er außer sich überall Harmonie erblickt, sucht er sie auch in sich herzustellen, die Werke der Vollkommenheit treiben zur eigenen an. In Freude, in Schmerz, in allem, was er denkt, wo er mitfühlt und Gefahr erblickt, schwebt ihm das Maß vor und er trachtet ihm nach, richtet sein Leben danach. In die Harmonie, die er fühlt und schaut, möchte er hinschmelzend aufgehen, gelassen und hingebend trägt er, was ihn trifft.

Beschluß des II. Teils. Anrede an die Künstler, die solche Harmonie herstellen und darum dem Schöpfer gleichen (22. 23).

22. Ihr, die ihr solche Harmonie zu schaffen wißt, dadurch uns im Leben erfreut, seid das Köstlichste desselben. Die ihr den Menschen vom bloß Sinnlichen befreit, ihn so erhebt, daß ihn Neigung zu seiner Pflicht erfüllt und er sich gern in sein Geschick fügt, — ewig werdet ihr seine Bildner bleiben! Welch eine Befriedigung muß euch das gewähren! Daß ihr uns innerlich frei macht durch Anmut (Sichtbares, was uns gefällt und begeistert) sichert euch ewige Liebe.

23. Dem gütigen Schöpfer selbst gleicht ihr, der die Kräfte der Natur so schön umkleidet und sie, selbst wo sie verheeren, noch prächtig erscheinen läßt. Ihr schmückt unser dürftiges Leben mit euern schönen Gebilden, zeigt das Unabänderliche in anziehender Gestalt, löst unsere Sorgen.

Übergang: Die Geschichte der Menschen zeigt ein freundliches Bild, wo die Kunst gepflegt, ein trübes, wo sie vernachlässigt ward.

III. Teil. Historischer Verlauf. Vollendung. (24—28).

(Zweimal hat die Kunst ihren verjüngenden, veredelnden Einfluß in der Entwickelung der Menschheit geübt; sie wird das Höchste bleiben. Am Ende dieser Entwickelung wird ihre Form so rein, die Hülle so durchsichtig werden, daß der Unterschied zwischen Schönheit und Wahrheit schwindet.)

24. Die Kunst hatte zuerst der Menschen Seele beschwingt, sie hat die Menschheit auch, nachdem diese im Laufe der Zeiten entartet, verdüstert, matt und trostlos, greisenhaft geworden (im Mittelalter), wieder emporgerichtet, neu belebt und verjüngt.

25. Als der Orient von barbarischen Horden überschwemmt ward, rettete man die letzten Schätze der Kunst und Bildung aus Griechenland nach dem Abendlande: durch sie entstand in Italien eine neue Blüte (Renaissance). Diese veredelte die Menschen und klärte ihre Anschauungen von neuem, so daß

sie wieder ihrer selbst würdig wurden. Die Künstler freuten sich dieser That ohne Anspruch auf ihr Verdienst (d. h. unvermerkt und unbewußt thut die Kunst ihre Wirkung).

26. Der wieder freigewordene Geist vertiefte sich in die Forschung, die Wissenschaften kamen so zu Ehren, daß man sie höher als die Kunst hielt, diese nur als Dienerin ansah. Ein Wahn; die Kunst bleibt das Vollkommenste, was der Mensch zu leisten vermag; sie ist Anfang und Vollendung der Bildung menschlichen Geistes.

27. So klein sie angefangen, so eng ihr Kreis war, sie umfaßt schließlich alles durch den Menschengeist Erreichte und macht es sich dienstbar zur Freude und zum Segen der Menschen. Alles Wissen, alle Gedanken bekommen Leben und Wärme erst durch die Kunst; erst wenn die Wissenschaft zum Kunstwerk wird, erreicht sie die höchste Höhe, nur die Kunst vermag ein überschaubares und durchsichtiges Ganze aus ihr zu machen. Je reicher der Gegenstand, durch welchen die Kunstwerke uns erfreuen, je Erhabeneres in denselben dargestellt wird, je faßlicher sie trotz ihrer Größe und Höhe sind, je empfänglicher und feiner sie so unser Fühlen und Denken für Harmonie machen: um so größere Klarheit bringen dem Menschen diese reichen, großen und so durchsichtig geordneten Kunstgebilde in das Ganze der Welt, welche ihm ohne Gefühl und Sinn für diese schöne Ordnung unvollständig, planlos und höchst unvollkommen geschaffen erscheint, um so verständlicher wird sonst Dunkles, um so reicher erweist sich alles, in das er eindringt, um so mehr erkennt er in allem, was geschieht und geschehen ist, eine große fortschreitende Entwickelung der Menschheit, um so gewisser wird ihm das weise göttliche Walten darin; um so höher wird sein eigenes Streben, um so mehr schwindet seine Selbstsucht; wächst seine Liebe. So kommt der Mensch unbewußt durch immer reinere Formen der Kunst, durch immer vollendetere Schönheit der Wahrheit immer näher. Zuletzt ist kein Unterschied mehr zwischen beiden.

28. Die Hülle ist nicht mehr erforderlich, er verträgt der Wahrheit hellen Schein; je mehr er sich der Schönheit hingegeben, scheinbar unbekümmert um die Wahrheit, um so sicherer hat er sie erfaßt, so freudig überrascht, wie Telemach, als er in seinem Mentor die Göttin Athene erkannte.

Schlußanrede (29—31).

29. Das kann und soll die Kunst aus der Menschheit machen. Wie hoch also ist die Aufgabe der Künstler! Die Würde der Menschen ruht in ihrer Hand; mögen sie dieselbe hüten und sich der erhabenen Aufgabe stets bewußt sein, daß sie dazu berufen sind, den Menschen harmonisch zu machen, damit auch er sich einfüge in die allgemeine Harmonie des Weltganzen, kein Mißton in derselben bleibe.

30. Die Wahrheit wird von den Menschen überhört und verachtet, die Kunst bringt sie durch schöne Form am leichtesten und sichersten zur Geltung und Wirkung.

31. Die Kunst ist des Menschen freieste Thätigkeit, frei von jedem praktischen Zweck, frei von jeder Nebenabsicht muß der Künstler sie ausüben, nur nach der höchsten Schönheit streben, keine Tendenz verfolgen (nur so wirkt sie, so aber auch sicher); in solcher Schönheit erschließen die Künstler die Wahrheit gewiß, lassen sie das Gute und Wahre nachempfinden. Nötig dazu ist, daß sie selbst sich hoch über ihre Zeit erheben, ihr voranschreiten in ihren Werken.

In dieser Auffassung der Kunst müssen sie sich alle vereinigen, wie Verschiedenes sie auch schaffen. Wie sich das Licht in verschiedenen Farben bricht und alle sich in ihm vereinen: so soll die Kunst in ihren mannigfachen Schöpfungen das Eine, ewig Wahre, das Göttliche schauen lassen und das Herz der Menschen dafür gewinnen.

Bemerkungen im einzelnen.

Str. 1.

2. **An des Jahrhunderts Neige.** Den gleichen Ausdruck hat Imelmann im Don Carlos (vor der Ausgabe von 1801) V 10 B. 5254, historisch-kritische Ausgabe Bd. V 2 S. 445, nachgewiesen:

umsonst gelebt zu haben
Schmerzt an des Jahrhunderts Neige.

4. **Mit aufgeschloß'nem Sinn.** Schiller, Die berühmte Frau. (1788) Str. 9 V. 115:

Mit hellem Geist, mit aufgethanem Sinn
Und weichen leicht beweglichen Gefühlen,
So sah ich sie, die Herzensesslerin.

Kassandra, Str. 7:

Dein Orakel zu verkünden,
Warum warfest du mich hin
In die Stadt der ewig Blinden,
Mit dem aufgeschloß'nen Sinn?

4 f. Vergleiche die Schilderung der Griechen im 6. Briefe über ästhetische Erziehung XV 356: „zugleich voll Form und voll Fülle, zugleich philosophierend und bildend, zugleich zart und energisch sehen wir sie (die Griechen) die Jugend der Phantasie mit der Männlichkeit der Vernunft in einer herrlichen Menschheit vereinigen".

4 f. — **fülle : Stille.** Unreine Reime kommen in unserem Gedichte wie sonst bei Schiller, auch noch in der sogenannten dritten Periode, oft vor. Unter den ü : i (ie), dreizehnmal hier, klingt am härtesten Str. 2, V. 18. 20, Würde : Begierde. Ei : eu (äu), zehnmal, am härtesten Str. 21, V. 311. 313. 315, Einigkeit : bedräut : Notwendigkeit. Str. 27, V. 402—405 stehen zwei unreine Reime neben einander.

5. **Voll milden Ernsts.** Gegensatz in Str. 7 V. 80 berührt; in den Göttern Griechenlands Str. 6: „finstrer Ernst".

6. **Der reifste Sohn der Zeit.** „Der Mensch in seiner jetzigen Vollkommenheit", an Körner 9. Februar 1789. In der Zeiten Entwickelung („im langen Alter der Welt" XV 34) ist der Mensch jetzt zu einer Höhe der Vervollkommnung gelangt, wie nie zuvor. Weil er von jener Entwickelung abhängig ist, wird er „Sohn der Zeit" genannt, wie in anderer Beziehung Sohn des Staubes, der flüchtige Sohn der Stunde (Braut von Messina III 5 V. 1969), und, weil er in seiner Entwickelung jetzt am höchsten gediehen ist, als „der reifste" bezeichnet. Wie hier den von der Zeit, dem Werden und Wachsen in ihr abhängigen Menschen „Sohn der Zeit", so nennt Schiller im 9. Briefe über ästhetische Erziehung XV 367 den von Anschauung und Bildung seiner Zeit immer abhängigen Dichter „den Sohn seiner Zeit", so weit er ihr auch in vielem Betracht voraufeilen mag, ihr Meister, nicht ihr Zögling oder Günstling ist, ihr die Richtung giebt.

Der Grundgedanke der ersten Strophe: der reifste Sohn der Zeit, steht wie ein Kern mitten inne und bildet den kürzesten Vers derselben, 3 Jamben, an Kraft des Ausdrucks nur der Anrede an die Künstler vergleichbar: Bewahret sie! in der 29. Strophe, an deren Ende sich 3 Jamben wiederholen. Sonst bestehen die einzelnen Verse am häufigsten aus 4 (in der 3., 15., 31. Strophe ausschließlich) oder 5, am seltensten aus 6 Jamben mit klingendem oder stumpfem Reim. V. 445 zählte ursprünglich 7, wurde aber später geändert.

In unserer Strophe schwillt der Vers von 3 zu 4, 5 und am Schluß zu 6 Jamben an. Dies, die Anaphern und die chiastische Stellung (V. 7. 8), auf welche Mittel Imelmann aufmerksam gemacht, sowie die Gegensätze in V. 5 mehren die Kraft und Schönheit des Ausdrucks. Sodann zeigt sich sogleich Schillers Kunst und Neigung, demselben durch Personifikation und gesteigerte Handlung Leben, Wärme und Glanz zu verleihen und ihn zu versinnlichen. Viel feuriger ist die Art, wie er sich dieses Hauptmittels poetischer Darstellung, der Umsetzung in Handlung, bedient, als bei anderen Dichtern, so bezeichnend für sein ganzes Wesen wie die Vorliebe für Antithesen, welche J. Schnedermann, Über die beiden Hauptperioden in Schillers Ethik, Leipzig 1878, S. 34 zuerst ins rechte Licht gestellt hat. Aus Schätzen, die dir lange Zeit unbekannt waren, wird so V. 9: Die lange Zeit dein Busen dir verschwieg; aus Fesseln tragen oder sich den Fesseln fügen: Fesseln lieben; aus „aufhören" „verlernen" V. 14 u. s. w. Am bewundernswertesten ist diese Kunst Schillers im „Spaziergang"; dort steht auch das Beispiel für das Äußerste, was durch dies Mittel erreichbar oder zulässig ist, aus: „was im heißen

Arabien wächst" wird „was Arabien kocht", und das herrliche: „Seine Felder umruhn frieblich sein ländliches Dach". Vergl. Imelmann zu V. 288 umlebet und zu V. 147. Der Obeliske stieg (Personi= fikation und lebendigste Handlung): „Lessings Gesetz hat Schiller genial erfüllt, denn ebenso bewundernswürdig wie seine ausnahms= lose Befolgung desselben ist die Einfachheit der Mittel, die er dazu verwendet, um ihm gerecht zu werden". Hinzuweisen ist noch darauf, daß Schiller in der Abhandlung über Matthissons Gedichte XIV 555 — 557 Lessings Vorschrift über Schilderung und Umsetzen in Handlung in dessen Sinne und in offenbarer Anknüpfung an ihn ergänzt, indem er an Beispielen aus Matthisson zeigt, wie durch „Stätigkeit des Zusammenhanges die Komprehension leicht und natür= lich" gemacht werden könne, und wie Bilder, die wir nur nach ein= ander in die Einbildungskraft aufnehmen „sich doch ohne Schwie= rigkeit in eine Totalvorstellung verknüpfen, weil eines das andere unterstützt und gleichsam notwendig macht". — Fesseln lieben V. 10 wiederholt sich Str. 22, V. 321.

7. Goethe, Natur und Kunst III 105: „Das Gesetz nur kann uns Freiheit geben".

8. Schiller, Die vier Weltalter Str. 8: „Der Kraft erblühet die Milde".

12. Prangend. Das Wort kehrt wieder V. 287. 329. 373. Schiller gebraucht es gern: Die Räuber IV 12: „Hier durchhüpfte sein Aug' die um ihn prangende Natur". Die Götter Griechenlands Str. 7: „Kreisten um den prangenden Altar". Der Spaziergang V. 38: „Das prangende Thal". Nadovessiers Totenlied Str. 6: „Wo mit Mais die Felder prangen" und öfter.

Wie durch Kraft und Pracht des Ausdrucks ist die erste Strophe auch durch die Reimstellung bevorzugt: mit klingenden Reimpaaren wechseln stumpfe Reime; so ist keine Strophe weiter gebaut. Am ähnlichsten in dieser Hinsicht ist ihr die 30ste, in welcher ein Reimpaar verdoppelt wird (aabccddb). Mit klingendem Reimpaar beginnt außerdem nur noch die 27ste Strophe.

In acht Strophen, 2 (ohne V. 1) — 6. 19. 25. 31, wechselt der Reim regelmäßig zwischen klingendem und stumpfem (ababcdcd u. s. w.), in Str. 14 und 16 tritt dazu als Schluß, wie bei der Octave, ein Paar klingender Reime (ab ab cd cd . . . xx); auch die sonst viel mannigfaltigere 10. Strophe schließt so; zwei solcher Paare hat Str. 24 zum Schluß, Str. 22 werden zwei klingende Reimpaare zwischen je zwei wechselnd reimende Jamben geschoben (abab cc dd efef), ähnlich in Str. 20 V. 274—279.

Im Übrigen sind die klingenden oder stumpfen Reime der jambischen Vier=, Fünf= oder Sechsfüßler, aus denen die Strophen gebildet sind, in mannigfachster Weise verbunden oder auch ineianbergeschoben (abba). In Str. 8 u. 11 folgen die nach letzterer Art gestellten Reime auf zwei Reimpaare, denen gleich viel wechselnde Reime vorangehen: abab cc dd effe. Ebenso schließen die sonst etwas anders gestalteten Strophen 9. 12. 15 und 27. Dreimal wiederholt sich der wechselnde Reim Str. 21, V. 288—293, und Str. 26, V. 387—392, die sonst wie die zweite und die 7 ihr gleichen gebildet ist. Derselbe Reim kehrt dreimal wieder Str. 7, V. 86. 88. 89, Str. 13 zweimal, V. 165. 167. 169 und V. 175. 176. 178, Str. 15. V. 197. 200. 201, Str. 17 dreimal, V. 221. 223. 224, V. 226. 228. 231, V. 232. 233. 235, Str. 18 V. 239. 241. 242.

Rührend gereimt sind V. 99. 102 und V. 371. 373, V. 388. 400; vergleiche V. 197. 201; 474. 476. Ohne Reim ist ein Vers inmitten der 9ten Strophe, V. 111, und am Schluß der 22sten Strophe, V. 328, geblieben.

Zu Str. 1 ist die Schilderung der Vorzüge seines Zeitalters in Schillers akademischer Antrittsrede zu vergleichen, besonders XV 24—29 und vom Schluß S. 34 die Worte: „Unser menschliches Jahrhundert herbeizuführen haben sich — ohne es zu wissen oder zu erzielen — alle vorhergehenden Zeitalter angestrengt. Unser sind alle Schätze, welche Fleiß und Genie, Vernunft und Erfahrung im langen Alter der Welt endlich heimgebracht haben". Die Kehrseite wird im 2. und 5. Briefe über ästhetische Erziehung XV 346. 354 f. gezeigt. Aus Herders Ideen gehört zur Sache der 4. Abschnitt des 4. Buches im 1. Bande, überschrieben: „Der Mensch ist zu feinern Trieben, mithin zur Freiheit organisiert", Absatz 11 ff.

Endlich ist noch an ein Seitenstück der ersten Strophe, als eines Hymnus auf die Menschheit, an ein Gedicht zu erinnern, das Schiller zu Ehren seines Volkes an der Wende des Jahrhunderts dichten wollte, von welchem Teile im Entwurfe erhalten sind: Historisch= kritische Ausgabe XI S. 410 ff. Borbergers Ausgabe der Gedichte bei Hempel I 542 ff. Vergl. oben S. 18.

Str. 2.

Sie ist durch Reim mit Str. 1 verknüpft wie Str. 10 mit 9. Noch fester verschlungen sind 17 und 18, in dieser wird das letzte

Wort der vorangehenden wieder aufgenommen, und der zweite Vers auf den vorletzten derselben gereimt.

15. **Des Lebens ödem Strand.** Lessing, Nathan V 3. Tempelherr:

> Kein kleiner Raub, ein solch Geschöpf! — Geschöpf?
> Und wessen? — Doch des Sklaven nicht, der auf
> Des Lebens öden Strand den Block geflößt
> Und sich davon gemacht? Des Künstlers doch
> Wohl mehr, der in dem hingeworfnen Blocke
> Die göttliche Gestalt sich dachte, die
> Er dargestellt? —

Goethe, Trauerloge II 426:

> An dem öden Strand des Lebens,
> Wo sich Dün' auf Düne häuft,
> Wo der Sturm im Finstern träuft,
> Setze dir ein Ziel des Strebens. —

Vergl. auch: Die Räuber I 1 Franz: Warum ging sie (die Natur) so parteilich zu Werke? Nein! Nein! Ich thu ihr Unrecht. Gab sie uns doch Erfindungsgeist mit, setzte uns nackt und armselig ans Ufer dieses großen Ozeans Welt. —

Die Piccolomini I 4 Max:

> . . . . Wir haben
> Des schönen Lebens öde Küste nur
> Wie ein umirrend Räubervolk befahren.

Zur Form ist zu bemerken, daß einen Begriff im Genitiv (Lebens) von einem bildlichen Ausdrucke (öder Strand), der ihn versinnlichen soll, abhängig zu machen die kürzeste Art des Vergleichs ist, in der Mitte zwischen Metapher und eigentlichem Vergleich stehend. Näheres darüber bei Imelmann, der zuerst darauf aufmerksam gemacht hat, daß Genitivfügungen überhaupt zum Gepräge Schillerscher Diktion ein Erhebliches beitragen, Excurs II und in meiner Abhandlung vor dem Jahresberichte des Wilhelmsgymnasiums zu Königsberg i. Pr. 1889. Zur Erklärung von Schillers Gedichten „das Ideal und das Leben" und „Würde der Frauen" S. 16—20.

18. **Geisterwürde.** Macht des Gesanges Str. 6: „So rafft . . . . der Mensch sich auf zur Geisterwürde". Den Beginn schildern V. 187—190.

22—25. Vergl. die Schaubühne als eine moralische Anstalt betrachtet XIV 235: „Hier begleitet sie (die Bühne) die Weisheit und Religion. Aus dieser reinen Quelle schöpft sie ihre Lehren und

Muster und kleidet die strenge Pflicht in ein reizendes, lockendes Gewand". Über Bürgers Gedichte XIV 525: „Selbst die erhabenste Philosophie des Lebens würde ein solcher Dichter (Volksdichter) in die einfachen Gefühle der Natur auflösen, die Resultate des mühsamsten Forschens der Einbildungskraft überliefern und die Geheimnisse des Denkers in leicht zu entziffernder Bildersprache dem Kindersinn zu erraten geben."

Wallensteins Tod II 2 V. 709:
  Sanft wiegte dich bis heute dein Geschick,
  Du konntest spielend deine Pflichten üben,
  Jedwedem schönen Trieb Genüge thun,
  Mit ungeteiltem Herzen immer handeln.
  So kanns nicht ferner bleiben. Feindlich scheiden
  Die Wege sich. Mit Pflichten streiten Pflichten.

32. Vorgezogene Geister, V. 56: reinere Dämonen.

33. Vergl. Goethe, der Sammler und die Seinigen, 6. Brief, Bd. 28, S. 135: „Die Natur, will ich einmal zugeben, lasse sich unabhängig von dem Menschen denken; die Kunst bezieht sich notwendig auf denselben; denn die Kunst ist nur durch den Menschen und für ihn". Auch Goethe, Meine Göttin.

Str. 3.

34. Das Morgenthor des Schönen. Düntzer verwies zuerst auf Haller, Morgengedanken:
  „Durchs rote Morgenthor der heitern Sternenbühne
  Naht das verklärte Aug der Welt".

Hallers Einfluß auf Schiller ist nach Düntzer besonders von E. Lemcke, Geschichte der deutschen Dichtung neuerer Zeit I 449. 453 hervorgehoben, in unserem Gedichte von Imelmann außer an dieser Stelle bei V. 52: Sternenbühne, 80: Mordsucht, 288: Komposita mit um nachgewiesen, von R. Boxberger in einer Festschrift zum 25jährigen Amtsjubiläum des Dir. Koch von der Realschule zu Erfurt 1869 näher erörtert.

Wie durch ein Thor geht die Sonne des Morgens der Erde auf. Einem solchen Aufgangsthore, Morgenthore, ist das Schöne, durch welches man zum Wahren, zum Lande der Erkenntnis, gelangt, vergleichbar. Ausgeführt war das Gleichnis in der Strophe ursprünglicher Fassung, S. 18, an Homer erinnernd, Jl. 5, 749 ff. Die Horen hatten das Thor des Himmels mit dichter Wolke zu verschließen oder zu öffnen: πύλαι..., ἃς ἔχον Ὧραι, ‖ τῆς ἐπιτέτραπται μέγας οὐρανὸς Οὔλυμπός τε, ‖ ἠμὲν ἀνακλῖναι πυκινὸν νέφος ἠδ' ἐπιθεῖναι.

37. Reize. V. 454. Reiz ist noch sinnliche Lust; was wohlgefällt und an sich zieht; „Aufforderung zur Thätigkeit" definiert Schiller XV 663 und 136: „Die zur Thätigkeit aufgeforderte Kraft". In der Abhandlung über Anmut und Würde XV 220: „belebende Grazie"; 217 dort rein sinnlich: „Wollustreiz", geistiger: „Liebreiz". Bei Lessing im Laokoon XXI: „Schönheit in Bewegung" nach dem schottischen Philosophen Home (Guhrauer, Lessing, II 2 S. 43).

Str. 4.

Vergleiche über Anmut und Würde, XV 169: „Das zarte Gefühl der Griechen unterschied frühe schon, was die Vernunft noch nicht zu verdeutlichen fähig war, und nach einem Ausdruck strebend, erborgte es von der Einbildungskraft Bilder, da ihm der Verstand noch keine Begriffe darbieten konnte". Darauf spricht Schiller davon, daß der reine Natursinn seine Entdeckungen in Anschauungen niederlegt; diese „Bilderschrift der Empfindungen" hat der Philosoph zu erklären, die Begriffe aufzusuchen.

Man beachte, daß in obigen Worten auch Vernunft und Verstand neben einander stehen wie in unsern Versen. An Kants Terminologie (Verstandesbegriffe: Kategorieen; Vernunftbegriffe: Ideen) ist dabei nicht zu denken. Dem kindlichen Verständnis ist schon dasjenige offenbar, was erst der fortschreitenden erhöhten Einsicht und Erkenntnis des Geistes klar wird, was diese erst herausfindet, deutlich macht, begrifflich feststellt.

„Was hat ein Denker denn ergründet und begründet,
Das nicht ein Sehermund in Ahnung vorverkündet?"

Rückert XIV, 53 der Weisheit des Brahmanen. Vergl. auch XII, 10:

„Sieh einen Wahrheitsglanz in jedem Schönheitsschein,
Nur bild' als Wahrheit ganz dir nie ein Einzles ein." —

An einer anderen Stelle über Anmut und Würde XV 173 heißt es: hier, wie in so vielen anderen Fällen ist es wahr, „daß sich die philosophierende Vernunft weniger Entdeckungen rühmen kann, die der Sinn nicht schon dunkel geahnt, und die Poesie nicht geoffenbart hätte."

XV 368: „Ehe noch die Wahrheit ihr siegendes Licht in die Tiefen der Herzen sendet, fängt die Dichtkraft ihre Strahlen auf, und die

Gipfel der Menschheit werden glänzen, wenn noch feuchte Nacht in den Thälern liegt." Fauſt II 1 V. 4697 f.:
„Sie dürfen früh des ewigen Lichts genießen,
Das ſpäter ſich zu uns herniederwendet."

XV 401: „Die Natur (der Sinn) vereinigt überall, der Verſtand ſcheidet überall; aber die Vernunft vereinigt wieder; daher iſt der Menſch, ehe er anfängt zu philoſophieren, der Wahrheit näher, als der Philoſoph, der ſeine Unterſuchung noch nicht geendigt hat."

An Goethe 28. Oktober 1794: „So alt das Menſchengeſchlecht iſt und ſo lange es eine Vernunft gibt, hat man ſie (die Fundamente der kantiſchen Philoſophie) anerkannt und im ganzen danach gehandelt!" .

Kant gegen Ende der Kritik der reinen Vernunft, vom Meinen, Wiſſen und Glauben: „Iſt das alles, wird man ſagen, was reine Vernunft ausrichtet, indem ſie über die Grenzen der Erfahrung Ausſichten eröffnet? Nichts mehr als zwei Glaubensartikel? (der Glaube an Gott und an eine andere Welt). So viel hätte auch wohl der gemeine Verſtand, ohne darüber die Philoſophen zu Rate zu ziehen, ausrichten können! .... Aber verlangt ihr denn, daß ein Erkenntnis, welches alle Menſchen angeht, den gemeinen Verſtand überſteigen und euch nur von Philoſophen entdeckt werden ſolle? Eben das, was ihr tadelt, iſt die beſte Beſtätigung von der Richtigkeit der bisherigen Behauptungen, da es das, was man anfangs nicht vorherſehen konnte, entdeckt, nämlich daß die Natur in dem, was Menſchen ohne Unterſchied angelegen iſt, keiner parteiiſchen Austeilung ihrer Gaben zu beſchuldigen ſei, und die höchſte Philoſophie in Anſehung der weſentlichen Zwecke der menſchlichen Natur es nicht weiter bringen könne, als die Leitung, welche ſie auch dem gemeinſten Verſtande hat angedeihen laſſen."

Leſſing, Daß mehr als fünf Sinne für den Menſchen ſein können, XVII 363: „Die erſte und älteſte Meinung iſt in ſpekulativen Dingen immer die wahrſcheinlichſte, weil der geſunde Menſchenverſtand ſofort darauf verfiel." Siehe § 95 der Erziehung des Menſchengeſchlechts.

Humboldt, Kosmos ed. B. v. Cotta, Stuttgart 1870 I S. 120:
„Nicht ohne Überraſchung bemerkte ich an den waldigen Ufern des Orinoco, bei den Kinderſpielen der Wilden, unter Volksſtämmen, welche auf der unterſten Stufe der Roheit ſtehen, daß ihnen die Erregung der Elektricität durch Reibung bekannt iſt. Knaben rieben die trocknen, platten und glänzenden Samen eines ran=

kenden Schotengewächses so lange, bis sie Fasern von Baumwolle und Bambusrohr anzogen. Was die nackten, kupferbraunen Eingeborenen ergötzt, ist geeignet einen tiefen und ernsten Eindruck zu hinterlassen. Welche Kluft trennt nicht das elektrische Spiel jener Wilden von der Erfindung eines gewitter-entlockenden metallischen Leiters, einer viele Stoffe chemisch zersetzenden Säule, eines lichterzeugenden magnetischen Apparats! In solcher Kluft liegen Jahrtausende der geistigen Entwickelungsgeschichte der Menschheit vergraben!"

Insbesondere zu V. 46 vergleiche XV 446: „Wie durch die schöne Anordnung der Tafel die Eßlust gereizt und durch das Empfehlende im Äußern die Aufmerksamkeit auf den Menschen überhaupt geweckt und geschärft wird, so werden wir durch eine reizende Darstellung der Wahrheit in eine günstige Stimmung gesetzt, ihr unsre Seele zu öffnen, und die Hindernisse in unserm Gemüt werden hinweggeräumt". [Ideal und Leben, Str. 11 (14).]

Die Fortsetzung der zu V. 22—25 citierten Stelle XIV 235 lautet: „Mit welch herrlichen Empfindungen, Entschlüssen, Leidenschaften schwellt sie (die Bühne) unsere Seele, welche göttliche Ideale stellt sie uns zur Nacheiferung auf!" Lies auch die Geschichte der Anna Komnena von ihrem Vater Alexius bei Schiller XV 560 f. und was er dort über die That des Herzogs Leopold von Braunschweig sagt (Goethe II 5).

Bei V. 43 ist mit Imelmann daran zu erinnern, daß auch in Kants Kritik der Urteilskraft (1790) die Schönheit das Symbol der Sittlichkeit ist. § 59 handelt davon. Schiller XV 706.

44. Des Schönen und des Großen sind explikative Genitive oder, wie sie Madvig genannt, definitivi, das Schöne und Große (Erhabene) sind Symbole, eine Art derselben („die Zeichensprache der Natur ist das Schöne und Erhabene" sagt Schlegel zu der Stelle), ganz wie im Lateinischen z. B. vox voluptatis. So oft diese im Lateinischen vorkommen, so selten sind sie im Deutschen, um so häufiger aber bei uns ihr umgekehrter Fall, V. 34. Siehe die dort citierte Abhandlung S. 19.

45. kindisch. Das Wort stand ursprünglich auch V. 63. Körner zweifelte, ob das Wort „edel genug" sei. Schiller änderte dort: „Um dem Worte kindisch auszuweichen: „„sieht man sie kindisch u. s. f.""", will ich setzen: wird sie zum Kind, daß Kinder sie verstehen, und alsdann: wird dort als Wahrheit uns entgegengehn (weil stehen sich nicht auf verstehen reimen darf). Sonst gewinne ich bei dieser Ver-

änderung auch noch, daß vor uns stehen in dieser Strophe (5) nicht zweimal wiederholt wird." An unserer Stelle änderte er kindisch nicht. Der tadelnde Sinn, den das Wort hier nicht hat, ist überhaupt nicht alt, erst im 18 Jahrhundert wird er allmählich durchgeführt; früher ist kindisch nur da tadelnd, wo Kind selbst ein Tadel ist. In "kindischer Freude" liegt auch heute noch kein Tadel. Kindisch und kindlich als Gegensätze hat Schiller, Der Naturkreis I 199 (186):

"Alles, du ruhige, schließt sich in deinem Reiche: so kehret
Auch zum Kinde der Greis, kindisch und kindlich, zurück."

Ebenso XV 472: "Das Naive der Denkart verbindet die kindliche Einfalt mit der kindischen".

51. Körner an Schiller II 9: "Kann man sagen: ewiger Raum für unendlicher Raum?" Schiller II 13: "Ewiger Raum kann der Dichter insofern sagen, weil man die Ewigkeit braucht, um die Unendlichkeit zu durchlaufen, gerade so, wie man sagen kann, ein viertelstündiger Weg, weil man so viel Zeit braucht, um ihn zu durchgehen". "Im ewigen Leeren" sagt Schiller in Kabale und Liebe. Der Bergmann nennt eine unbegrenzte Tiefe: "ewige Täufe" und die unbegrenzte Länge eines Grubenmaßes "ewige Gänge". "Ewigkeit" als Gegensatz zur Endlichkeit und irdischen Begrenztheit hat Schiller auch für Übersinnlichkeit in den Führern des Lebens: "wo an der Ewigkeit Meer schaudernd der Sterbliche steht"; anders in den Idealen: "ins Meer der Ewigkeit".

52. Sternenbühne auch in der Anthologie, Triumph der Liebe, V. 32 (Dünzer).

Str. 5.

57. Körner II 9: "Verzehrend über Sternen u. s. w., ist dieser Gedanke richtig?" Schiller II 13: "Die Wahrheit geht verzehrend über Sternen, kann man dichterisch sagen, weil man sie mit dem Sonnenlicht zu vergleichen gewohnt ist; vorzüglich aber im ganz prosaisch wahren Sinne, weil die nackte Wahrheit uns zu Narren machen würde, da unsere Vernunft nicht darauf kalkuliert ist." Dünzer und Boxberger haben an Sol und Phaeton erinnert. Damit ihn der sterbliche Sohn anschauen kann, legt der Gott die um sein Haupt schimmernden Strahlen ab und heißt ihn dann näher treten, Ov. met. II 40 ff.:

at genitor circum caput omne micantes
deposuit radios propiusque accedere iussit.
. . . . Non est mortale quod optas.

Goethe, Sprüche in Prosa 157 XIX 45: "Das Wahre ist eine Fackel, aber eine ungeheure; deswegen suchen wir alle nur blinzend so daran vorbeizukommen, in Furcht sogar, uns zu verbrennen." Faust II 1 V. 4702 ff.:

„Sie (die Sonne) tritt hervor — und leider schon geblendet,
Kehr' ich mich weg, vom Augenschmerz durchdrungen . . . .
Des Lebens Fackel wollten wir entzünden,
Ein Feuermeer umschlingt uns, welch ein Feuer! . . . .
So bleibe denn die Sonne mir im Rücken! . . . .
Am farb'gen Abglanz haben wir das Leben."

Goethe, Pandora X 368. Prometheus:

So tritt sie (Eos) lieblich hervor, erfreulich immerfort,
Gewöhnet Erdgeborner schwaches Auge sanft,
Daß nicht vor Helios Pfeil erblinde mein Geschlecht,
Bestimmt, Erleuchtetes zu sehen, nicht das Licht!

und Proömium II 223:

Deines Geistes höchster Feuerflug
Hat schon am Gleichnis, hat am Bild genug;
Es zieht dich an, es reißt dich heiter fort,
Und wo du wandelst, schmückt sich Weg und Ort.

Schiller, das Geheimnis der Reminiscenz, an Laura, in der ersten Fassung der Anthologie. V. 43ff:

Unserm Winke sprangen Chaosriegel,
(Später V. 33: Mächtig lösten wir der Dinge Siegel)
Zu der Wahrheit lichtem Sonnenhügel
Schwang sich unser Flügel.
Unsern Augen riß der Dinge Schleier,
Uns're Blicke, flammender und freier,
Sahen in der Schöpfung Labyrinthen,
Wo die Augen Lyonets[1]) verblinden,
Sich noch Räder winden —
Aus den Göttern Griechenlands, wo er die Zeiten preist,
Da der Dichtung zauberische Hülle
Sich noch lieblich um die Wahrheit wand,

Schluß der ursprünglichen Fassung von 1788:

Dessen Strahlen mich darnieder schlagen,
Werk und Schöpfer des Verstandes! Dir
Nachzuringen, gieb mir Flügel, Wagen
Dich zu wägen — oder nimm von mir,

---

[1]) Holländischer Naturforscher, gest. 1789. S. Goethe XXVII 231 mit Biedermanns Bemerkung.

Nimm die ernste strenge Göttin wieder,
Die den Spiegel blendend vor mir hält;
Ihre sanft're Schwester sende nieder,
Spare jene für die and're Welt. (Zu V. 65.)

Schiller, Licht und Farbe, Votivtafeln 53:
Wohne, du ewiglich Eines, dort bei dem ewiglich Einen, —
Farbe, du wechselnde, komm freundlich zum Menschen herab.

Uhland, Sängerliebe 5. Dante:
Bald zum selgen Licht empor
Kam er auf den dunkeln Wegen;
Aus des Paradieses Pforte
Trat die Freundin ihm entgegen:

Hoch und höher schwebten beide
Durch des Himmels Glanz und Wonnen,
Sie, aufblickend, ungeblendet,
Zu der Sonne aller Sonnen,

Er, die Augen hingewendet
Nach der Freundin Angesichte,
Das, verklärt, ihn schauen ließ
Abglanz von dem ewgen Lichte.

Beatrice gehörte schon zu den reineren Dämonen, ihr war die Wahrheit droben schon entgegengegangen.

62. Der Anmut Gürtel. Braut von Messina II 3 V. 1204 ff.:
Scheidend reicht
Eine Fürstin der andern
Den Gürtel der Anmut
Und den Schleier der züchtigen Scham. —

Der Gang nach dem Eisenhammer: „Es gürtete Scham den keuschen Leib." Der Zaubergürtel ($\iota\mu\alpha\varsigma$) der Aphrodite, Homer Il. 14, 214. 219. In anderen Wendungen noch öfters in Schillers Gedichten: Die Erwartung Str. 8, die Geschlechter V. 10 u. a. — Str. 21 V. 290: Der Schönheit goldner Gürtel — Über Anmut und Würde XV 168 f. — — V. 65. Vergl. V. 432.

Str. 6.

66 f. Das Ideal und das Leben Str. 4 (7) V. 66 ff.:
... sie stand im himmlischen Gefild,
Ehe noch zum traur'gen Sarkophage
Die Unsterbliche herunter stieg.

Die Unsterbliche für Seele wie bei Klopstock, an Gott Str. 11:

... Denn die Unsterbliche,
Die Du mir, Gott! gabst, gabst Du zur Ewigkeit!
Ihr hauchtest Du, Dein Bild zu schaffen,
Hohe Begierden nach Ruh' und Glück ein! —
Platon, Kratylus 400b, Phaedon 62b.
70. Die Götter Griechenlands Str. 5:
Zu Deukalions Geschlechte stiegen
Damals noch die Himmlischen herab.

Bei Hesiod, Werke und Tage V. 198, verlassen in unserem Zeitalter Αἰδώς und Νέμεσις (Scham und Maß) die Erde, und den Menschen bleibt nur unsägliches Leid, keine Abwehr des Übels. Bei Aratos, Φαινόμενα V. 134, flüchtet (ἔπταθ' ὑπουράνιη — V. 101 ἐπιχθονίη πάρος ἦεν) Παρθένος (Jungfrau), Tochter vielleicht des Astraios, des alten Vaters der Sterne, V. 97, welche die Menschen Δίκη (Gerechtig= keit) nennen, schon im dritten, ehernen Zeitalter (χαλκείη γενεή V. 130) an den Himmel; bei Ovid met. I 150 im eisernen:

Ultima caelestum terras Astraea reliquit.

Bei Juvenal 6, 19 flüchtet mit ihr Pudicitia, bei anderen Fides. — Goethe, Pandora X 368:

Sie (die Schönheit) steiget hernieder in tausend Gebilden,
Sie schwebet auf Wassern, sie schreitet auf Gefilden,
Nach heiligen Maßen erglänzt sie und schallt u. s. w.

76. lieblichem Betruge. Derselbe Ausdruck in dem Gedichte Einer jungen Freundin ins Stammbuch (Charlotte von Lengefeld 1788) V. 21 ff.:

Sei glücklich in dem lieblichen Betruge,
Nie stürze in des Traumes stolzem Fluge
Ein trauriges Erwachen Dich herab.

Goethe, Tasso I 3 V. 539 f.: „ich sehe Elysium auf dieser Zauber= fläche gebildet".

Str. 7.

78 f. Vergleiche die erste Strophe der Götter Griechenlands. — Herder, Wirkung der Dichtkunst auf Sitten der Völker XVII (Hempel) S. 26: „Die griechische Dichtkunst wird ewig eine schöne Blüte der Sittlichkeit menschlicher Jugend bleiben."

79. Die Götter Griechenlands Str. 12: „Holdes Blütenalter der Natur!" Die vier Weltalter Str. 10: „Die frohe Jugendwelt".

80. Die Götter Griechenlands Str. 6:
> Finstrer Ernst und trauriges Entsagen
> War aus eurem heitern Dienst verbannt.

Don Carlos II 6 V. 1204 ff. in ursprünglicher Fassung, V 1 S. 58 f. der hist. krit. Ausgabe. Philipp:
> Den großen Eid, den alle Könige
> Der Christenheit am Krönungstage schwören,
> Ich will ihn morgen lösen — Hundert Opfer
> Sind reif zum Tod — Der Rauch von ihren Flammen
> Verkündige dem dreimalheilgen Gott,
> Wie glorreich Philipp seine Schuld entrichtet.
> Dies Blutgericht soll ohne Beispiel sein.

Herder, Ideen 19. Buch, Abschn. 6: „Wissenschaften und Künste waren dahin, denn unter den Gebeinen der Märtyrer, dem Geläut der Glocken und Orgeln, dem Dampf des Weihrauchs und der Fegefeuergebete wohnen keine Musen. Die Hierarchie hatte mit ihren Blitzen das freie Denken erstickt, mit ihrem Joch jede edlere Betriebsamkeit gelähmt. Den Duldenden wurde Belohnung in einer anderen Welt geprebigt; die Unterdrücker waren, gegen Vermächtnisse, ihrer Lossprechung in der Todesstunde sicher: das Reich Gottes auf Erden war verpachtet."

82. Die Triebfedern: „Freude, führe du mich immer an rosigtem Band!"

83. knechtisches Geleit. Gegensatz V. 22 „spielend unterwies". — Würde der Frauen Str. 12 ursprünglicher Fassung:
> Stolz verschmäht er das Geleite
> Leise warnender Natur.

Don Carlos I 2 V. 348 ff.:
> Kann ich dafür, wenn knechtische
> Erziehung schon in meinem jungen Herzen
> Der Liebe zarten Keim zertrat?

In der ursprünglichen Fassung dort auch V. 509:
> Wer sind sie,
> Die diese knechtische Begegnung sehen?

Fiesco III 5: „Knechtische Stunden".

XV. 201: „Womit hatten es die Kinder des Hauses verschuldet, daß er (Kant) nur für die Knechte sorgte? .... Mußte ihm (dem Gesetze) ... eine Rigidität beigelegt werden, die die kraftvollste Äußerung moralischer Freiheit nur in eine rühmlichere Art von Knechtschaft verwandelt?" Das Ideal und das Leben Str. 11 (13) V. 137:

„Des Gesetzes starke Fessel bindet nur den Sklavensinn, der es verschmäht".

84 f. Goethe, Pandora X 363: **Die Schönheit führt auf rechte Bahn.**

84—87. XV 560: „Alle .. materiellen Neigungen und rohe Begierden, die sich der Ausübung des Guten oft so hartnäckig und stürmisch entgegensetzen, sind durch den Geschmack aus dem Gemüte verwiesen, und an ihrer Statt edlere und sanftere Neigungen darin angepflanzt worden, die sich auf Ordnung, Harmonie und Vollkommenheit beziehen, und, wenn sie gleich selbst keine Tugenden sind, doch ein Objekt mit der Tugend teilen."

85. Zum Ausdruck vergleiche auch Goethe, Vermächtnis, III 192: (Das selbständige Gewissen) „ist Sonne deinem Sittentag", und unten Strophe 21 V. 291: „Der Schönheit Gürtel webet sich mild in seine Lebensbahn."

87. **bleicht, schreckt, setzt in Furcht.** Das Ideal und das Leben Str. 12 (15): „Der Freude Wange werde bleich" (pallere), wie Kabale und Liebe III 4: „Gräßlich genug, den unsterblichen Geist zu durchbohren und die glühende Wange der Freude zu bleichen — Ferdinand! Dich zu verlieren!" und Übersetzung der Iphigenie in Aulis III 1 V. 712 f.: „Keine Furcht, kein unglückbringend Zeichen soll der Fürstin Anblick bleichen" (ἔκπληξιν παρέχειν), beide Stellen von Imelmann angeführt. Auch im Ideal und Leben Str. 8 (11) „Dem Ernst, den keine Mühe bleichet" kann es schrecken, abschrecken heißen, besser aber matt werden lassen, wie Paul Fleming in der Selbstgrabschrift sagt: „Von Reisen hochgepreist, für keiner Mühe bleich" (Imelmann).

Die Führer des Lebens: „Leichter an seinem (Genius des Schönen) Arm werden dir Schicksal und Pflicht".

Was hier im ersten Teile des Gedichts, Wesen der Kunst, angedeutet ist, war bei ihrer Entwickelung, 2. Teil, auszuführen, wie das Str. 21 V. 311 ff. geschehen ist, und bei Schilderung der Vollendung und höchsten Höhe nochmals zu berühren: Str. 27 V. 422—24.

88 f. **Macht des Gesanges** Str. 4:

„So rafft . . .
Der Mensch sich auf zur Geisterwürde
Und tritt in heilige Gewalt."

Diese heilige Gewalt des Schönen wird von Goethe in der Pandora X 367 so geschildert:

Der Seligkeit Fülle, die hab' ich empfunden!
Die Schönheit besaß ich, sie hat mich gebunden,
Im Frühlingsgefolge trat herrlich sie an.
Sie erkannt', sie ergriff ich, da war es gethan!
Wie Nebel zerstiebte trübsinniger Wahn;
Sie zog mich zur Erd' ab, zum Himmel hinan.
Du suchest nach Worten, sie würdig zu loben,
Du willst sie erhöhen; sie wandelt schon oben.
Vergleich ihr das Beste, du hältst es für schlecht u. s. w.

90. **Der Freiheit süßes Recht.** Der Gegensatz zum knechtischen Geleit in V. 83. — Im Anblick und Genuß des Schönen, unter seiner Einwirkung schwindet das Gefühl der Knechtschaft und Furcht, wir fühlen uns völlig frei von allem Beengenden, Beschränkenden und Quälenden, sowie auch im Ideal und Leben Str. 11 (14) die Wirkung der Kunst geschildert ist und in den Briefen über ästhetische Erziehung, 21 (XV 410): „Durch die ästhetische Kultur.. ist.. erreicht,. daß ihm die Freiheit, zu sein, was er sein soll, vollkommen zurückgegeben ist.... So müssen wir das Vermögen, welches ihm in der ästhetischen Stimmung zurückgegeben wird, als die höchste aller Schenkungen, als die Schenkung der Menschheit betrachten."

Abhandlung über den Chor Abs. 4 und 7: „Die rechte Kunst ist nur diese, welche den höchsten Genuß verschafft. Der höchste Genuß aber ist die Freiheit des Gemüts in dem lebendigen Spiel aller seiner Kräfte"...

„Die wahre Kunst.. hat es nicht bloß auf ein vorübergehendes Spiel abgesehen, es ist ihr Ernst damit, den Menschen nicht bloß in einen augenblicklichen Traum von Freiheit zu versetzen, sondern ihn wirklich und in der That frei zu machen, und dieses dadurch, daß sie eine Kraft in ihm erweckt, übt und ausbildet, die sinnliche Welt, die sonst nur als ein roher Stoff auf uns lastet [V. 20, 87, 97—113], als eine blinde Macht auf uns drückt [V. 87, 311 ff., 422 ff.], in eine objektive Ferne zu rücken, in ein freies Werk unsers Geistes zu verwandeln, und das Materielle durch Ideen zu beherrschen." Vergl. Zur Erklärung von Schillers Gedichten, Programm des Wilhelmsgymnasiums zu Königsberg i. Pr. 1889. S. 8—10.

Die Strophe hat einen engeren und weiteren Sinn. Im engeren Sinn heißt sie: Genießen wir das Schöne, so fühlt sich unser Geist aller Bande ledig, völlig frei, so wie er seinem Ursprunge nach ist. Weiter: der vom reinen Schönheitssinn Geleitete erreicht das Höchste, völlige geistige Freiheit, mit freudigem Gefühl der eigenen Natur folgen zu können.

Str. 8.

93. würdigte. Lessing, Nathan II 1: „Was sonst als was ich kaum zu nennen würdige". Dramaturgie St. 1 (Smelmann): „Der gute Schriftsteller ... hat immer die Erleuchtesten und Besten seiner Zeit und seines Landes in Augen, und nur was diesen gefallen, was diese rühren kann, würdiget er zu schreiben," u. ö.

94. Der Genius, Schluß:
Und an alle Geschlechter ergeht ein göttliches Machtwort:
Was du mit heiliger Hand bildest, mit heiligem Mund
Redest, wird den erstaunten Sinn allmächtig bewegen.

95 f. Wie die Frauen, sie nähren „das ewige Feuer Schöner Gefühle mit heiliger Hand". Würde der Frauen V. 6 f.

97. Goethe, Die Wahrheit, oben S. 42.

98. sanftem Bund. In anderer Wendung, doch ähnlichem Sinn in Ideal und Leben Str. 7 (10): „in der Anmut freiem Bund". Jeder Zwang, jede Härte ist im Reich des Schönen ausgeschlossen, alles zart und frei.

99. Stufe: Stufe. S. 61 Z. 16 ff. V. 65 änderte Schiller „weil stehen sich nicht auf verstehen reimen darf", II 13, und tadelt Körner, daß er „nicht recht wachsam gelesen hat".

102. Menschheit: wie im Mhd. „Wesen des Menschen", „menschliche Natur" neben „Gesamtheit der Menschen". In letzterer Bedeutung hier V. 79. 349. 443, in ersterer noch V. 184. Vergl. Prolog zu Wallenstein V. 57 f.: „denn nur der große Gegenstand vermag den tiefen Grund der Menschheit aufzuregen". Das Ideal und das Leben V. 63: der Menschheit Götterbild d. i. die menschliche Natur in ihrer unverlorenen Göttlichkeit und ursprünglichen Vollkommenheit gestaltet. Würde der Frauen Str. 1 ursprünglich: „in ihren bewahrenden Händen ... Ruhet der Menschheit geheiligtes Pfand." Über naive und sent.Dicht.: „Der Begriff der Poesie ist kein anderer, als der Menschheit ihren möglichst vollkommenen Ausdruck zu geben" XV 493, Vergl. 386, und sonst noch oft. Kant, Kritik der prakt. Vernunft V 91 ed. Hartenst.: „Der Mensch ist zwar unheilig genug, aber die Menschheit in seiner Person muß ihm heilig sein". —

Allmählich verliert sich das Wort in dieser Bedeutung, und ein Teil des verlorenen Gebiets nimmt das Wort „Menschlichkeit" ein. „Es war das kein voller Ersatz. Denn „Menschheit" befaßt nach jenem älteren Sprachgebrauch alles, dessen der Mensch seiner Natur und Bestimmung nach fähig ist, jede Anlage, alle Kraft und Größe. „Exemplare der Menschheit" sind bei Herder die Individuen, in welchen, innerhalb einer bestimmten Sphäre, die menschlichen Anlagen zu voller Entfaltung gekommen sind. „Menschlichkeit" aber, wiewohl von Haus aus zu der nämlichen Bedeutung berechtigt [mhd. menschlicheit], will nur die gute, die mildere Seite menschlichen Wesens bezeichnen.

Jetzt fiel der Thierheit dumpfe Schranke,
Und Menschheit trat auf die entwölkte Stirn,

so wird V. 183 das Wunder der Humanisierung dargestellt; im Eleusischen Fest stürzen sich die Barbaren zu den Füßen der Herrscherin, die dasselbe Wunder wirkt, und „die rohen Seelen zerfließen in der Menschlichkeit erstem Gefühl". B. Suphan, Aus dem Zeitalter der Humanität. Deutsche Rundschau XV. Heft 2. November 1888. S. 320 f.

Vergleiche noch zu Ausdruck und Gedanken XV 430: „Was ist es für ein Phänomen, durch welches sich bei dem Wilden der Eintritt in die Menschheit verkündigt? So weit wir auch die Geschichte befragen, es ist dasselbe bei allen Völkerstämmen, welche der Sklaverei des tierischen Standes entsprungen sind: die Freude am Schein, die Neigung zum Putz und zum Spiele". XV 436: „Wo wir Spuren einer uninteressierten freien Schätzung des reinen Scheines entdecken, da können wir auf eine solche Umwälzung seiner Natur und den eigentlichen Anfang der Menschheit in ihm schließen."

Str. 9.

103. Gleichmaß. Darauf beruht alles Künstlerische, darum ist dies Wesentlichste der rote Faden im Folgenden: Str. 18. 21. 22. Schiller an Körner 8. 8. 1787 über ein Gespräch mit Herder über dessen Nemesis, von dem Schiller „ganz voll war" I 126: „Er (Herder) sagte mir auch, daß er sich diese Nemesis oder Adrastea zu einem großen Werk für die Zukunft erweitern und sie auch durch die physische Welt ausdehnen würde, als das erste allgemeine Gesetz der ganzen Natur, das Gesetz des Maßes".

105. Flor der Nacht. Derselbe Ausdruck Maria Stuart II 5 a. E. Dazu die Erwartung Str. 4.

105 f. Oft falsch interpunguiert, z. B. noch in der neusten Auflage (1887) der Cottaschen Schulausgabe: Ein unermeß'ner Bau im

schwarzen Flor der Nacht, Nächst um ihn her mit mattem Strahl beschienen, — Was Schiller sagt, springt am deutlichsten durch die Zeichensetzung in der ursprünglichen Fassung im Merkur in die Augen, deshalb habe ich sie gegen G und g aufgenommen: Die Schöpfung ist für den Wilden wie ein unermeßlicher Bau, der in Dunkel gehüllt ist, und von dem er daher nur das, was in seiner nächsten Nähe ist, und auch dies nur unklar erkennt. Nach seiner gewöhnlichen Weise sonderte Schiller in der ersten Ausgabe der Gedichte in V. 106 die adverbialen Bestimmungen durch ein Komma: nächst um ihn her von: mit mattem Strahl. Diese Sonderung dehnte Körner auch auf V. 105 aus und trennte: im schwarzen Flor der Nacht von: Nächst um ihn her. Es ist also die Interpunktion der Stelle durch vier Kommata ganz nach Schillers sonstiger Art, aber nach der heutigen zu leicht mißverständlich. Auf keinen Fall aber darf das Komma hinter Bau weggelassen werden.

V. 106 ff. Der Gedanke der nächsten Verse kommt oft in Schillers Abhandlungen vor. Vom Erhabenen XV 241: „Dem Menschen im Zustand der Kindheit, wo die Einbildungskraft am ungebundensten wirkt, ist alles schreckhaft, was ungewöhnlich ist. In jeder unerwarteten Erscheinung der Natur glaubt er einen Feind [V. 107] zu erblicken, der gegen sein Dasein gerüstet ist [V 110], und der Erhaltungstrieb ist sogleich geschäftig, dem Angriff zu begegnen. Der Erhaltungstrieb ist in dieser Periode sein unumschränkter Gebieter [V. 112 f.], und weil dieser Trieb ängstlich und feig ist, so ist die Herrschaft desselben ein Reich des Schreckens und der Furcht [V. 108]. Der Aberglaube, der in dieser Epoche sich bildet, ist daher schwarz und fürchterlich, und auch die Sitten tragen diesen feindseligen, finstern Charakter" [V. 108]. — Über das Erhabene XV 284: „So lange der Mensch blos Sklave der physischen Notwendigkeit [V. 108] war, aus dem engen Kreis der Bedürfnisse [V. 112 ff.] noch keinen Ausgang gefunden hatte ... konnte ihn ... die verderbende Natur [V. 107] nur an seine physische Ohnmacht erinnern. Er mußte also die erste mit Kleinmut vorübergehen, und sich von der andern mit Entsetzen abwenden. Kaum aber macht ihm die freie Betrachtung [vergl. V. 139] gegen den blinden Andrang der Naturkräfte Raum, und kaum entdeckt er in dieser Flut von Erscheinungen etwas Bleibendes in seinem eigenen Wesen, so fangen die wilden Naturmassen um ihn herum an, eine ganz andere Sprache zu seinem Herzen zu reden .... Furchtlos und mit schauerlicher Lust nähert er sich jetzt diesen Schreckbildern seiner Einbildungs-

kraft": nachbarliche Schatten werden aus dem streitenden Gestalten=
heer! Und an einer späteren Stelle derselben Abhandlung (XV 287)
spricht er vom „Gedränge der Erscheinungen".

Im 24. Briefe über die ästhetische Erziehung heißt es (XV 419):
„Was ist der Mensch, ehe die Schönheit die freie Lust ihm entlockt
und die ruhige Form das wilde Leben [Vergl. V. 356] be=
sänftigt? ... Einzeln und abgeschnitten, wie er sich selbst in der
Reihe der Wesen findet [V. 109], steht jede Erscheinung vor ihm da
[Gegensatz V. 141 die vertraulichen Gestalten] .... Umsonst
läßt die Natur ihre reiche Mannigfaltigkeit an seinen
Sinnen vorüber gehen [V. 114 ff.]; er sieht in ihrer herr=
lichen Fülle nichts als seine Beute [V. 112], in ihrer Macht
und Größe nichts als seinen Feind" [V. 107]. Entweder er
stürzt auf die Gegenstände, und will sie in sich reißen in der Begierde;
oder die Gegenstände dringen zerstörend auf ihn ein [V. 107. 110],
und er stößt sie von sich, in der Verabscheuung... Ewig von ihrem
Andrang [V. 107] geängstigt, rastlos von dem gebieterischen Bedürfnis
gequält, findet er nirgends Ruhe als in der Ermattung, und nirgends
Grenzen als in der erschöpften Begier." In der Abhandlung über
den Chor spricht Schiller Abj. 7: von der sinnlichen Welt, die sonst
nur als ein roher Stoff auf uns lastet, als eine blinde
Macht auf uns drückt."

108. Das Eleusische Fest Str. 14: „Die rohen Seelen ... öffnen
den düster gebundenen Sinn". Gegensatz oben V. 4.

109. Das Lied von der Glocke Str. 20: „Heil'ge Ordnung, ...
die herein von den Gefilden rief den ungesell'gen Wilden".

110. V. 298: „Wo tausend Schrecken auf ihn zielen".

111. Wilden, ohne Reim wie Str. 22 V. 328 umfangen. Der
Nachdruck, der auf dem Worte liegt, und die dem entsprechende Pause
im Vortrag rechtfertigen das Fehlen des Reimes hinlänglich an beiden
Stellen. An der zweiten schloß daraus Goedeke in der hist. krit.
Ausgabe, daß Schiller wahrscheinlich dort mehrere Verse getilgt habe.
Zur ersten bemerkt er nichts.

112. der Begierde blinde Fessel. Hertzberg, Preußische Jahr=
bücher XIII, Zur Geschichte und Kritik der deutschen Übersetzungen
antiker Dichter, S. 241: „Schiller ist mit bewundernswürdigem Takt
genau so weit als möglich vorgeschritten, und seine Kühnheit hat in
der Enallage, Prolepsis und Metonymie nie etwas beleidigendes,
z. B. „Jubelhymnen hört man schallen in der Saiten goldnes
Spiel." — „Aber ihnen schloß auf ewig Hekate den stummen

Mund." — „Unsrer Waffen glücklicher Betrug." — „Des Helmes List" u. s. w. Aber während er der „Zither tanzlustige Töne" noch dem Euripides nachbildet, [μετά τε φιλοχόρων κιθάρας V. 1037], hütet er sich wohl auch die — „goldschuhige Spur" [χρυσεοσάνδαλον ἴχνος V. 1042] von ihm herüberzunehmen."

115. schöne Seele der Natur. Imelmann hat sicherlich Recht, daß hier schöne Seele nicht in dem Sinne zu verstehen ist, wie später bei Schiller (über Anmut und Würde 1793) und Goethe (Wilhelm Meisters Lehrjahre 1795/96), als Ausdruck für „die harmonische Ruhe eines ethisch gestimmten Naturells", denn es handelt sich hier nicht um Ethisches; aber unmöglich kann in unserem Verse schön „in abgeschwächtester Bedeutung und fast völlig unbezeichnend gebraucht" sein, denn von dem Elemente des Schönen in der Natur ist ja gerade die Rede, welches der rohe Mensch nicht erkannte, die Kunstbegabten erst erschlossen (V. 464 schöne Seelen schön empfanden), von dem inneren harmonischen Wesen in allem, was uns in der Schöpfung umgiebt, und dies muß das Wort doch im allerprägnantesten Sinne bezeichnen. Ebenso wenig kann schön V. 438 „einem verbreiteten Gebrauch der Zeit entsprechend, ohne näheren Inhalt, den Begriff, den es begleitet, lediglich verstärken", = schnell, eifrig, gut fließen; nein, es begleitet dort gar nicht einen Begriff, sondern es ist der Begriff, um den es sich handelt: je mehr der Mensch die Schönheit gepflegt hat, um die Erforschung der Wahrheit (scheinbar) sich nicht bekümmernd, um so sicherer hat er die Wahrheit in der Schönheit und durch die Schönheit erfaßt und erlangt.

Str. 10.

Zu Str. 10 und 11 vergleiche den 25. Brief über die ästhet. Erziehung b. M. XV 425 f.: „So lange der Mensch, in seinem ersten physischen Zustande, die Sinnenwelt bloß leidend in sich aufnimmt, bloß empfindet [Str. 9], ist er auch noch völlig Eins mit derselben, und eben weil er selbst bloß Welt ist, so ist für ihn noch keine Welt. Erst, wenn er in seinem ästhetischen Zustande, sie außer sich stellt oder betrachtet, sondert sich seine Persönlichkeit von ihr ab, und es erscheint ihm eine Welt, weil er aufgehört hat, mit derselben Eins auszumachen.

„Die Betrachtung (Reflexion) ist das erste liberale Verhältnis des Menschen zu dem Weltall, das ihn umgiebt [S. zu V. 176] . . . . Die Notwendigkeit der Natur, die ihn im Zustande der bloßen Empfindung mit ungeteilter Gewalt beherrschte [Str. 9], läßt bei der

Reflexion von ihm ab, in den Sinnen erfolgt ein augenblickliche Friede, die Zeit selbst, das ewig Wandelnde, steht still, indem des Bewußtseins zerstreute Strahlen sich sammeln, und ein Nachbild des Unendlichen, die Form, reflektiert sich auf dem vergänglichen Grunde. Sobald es Licht wird in dem Menschen, ist auch außer ihm keine Nacht mehr; sobald es stille wird in ihm [Str. 10 B. 118], legt sich auch der Sturm in dem Weltall, und die streitenden Kräfte [Str. 9 B. 107] der Natur finden Ruhe zwischen bleibenden Grenzen."

Die Kunstbegabten erkennen jene Form, das Nachbild des Unendlichen, das innere Wesen und Leben, die schöne Seele, das Harmonische in den vertraulichen Gestalten, zu welchen sich ihnen das streitende Gestaltenheer wandelt, wissen das, was sie erkennen, in bleibenden Grenzen, in Form, in Abbildern festzuhalten. Die Natur selbst gab ihnen die Anleitung, wie Str. 10 weiter ausführt.

116. S. oben zu 106 das Citat XV 284 und 420: „Umsonst läßt die Natur ihre reiche Mannigfaltigkeit an seinen Sinnen vorübergehen" u. s. w.

117. Schatten für Formen liebte Schiller — warum? kann obiges Citat aus dem 25. Briefe lehren: „ein Nachbild des Unendlichen, die Form, reflektiert sich auf vergänglichem Grunde" — Das Reich der Schatten, dann der Formen nannte er das Gedicht, welches er schließlich in der zweiten, von neuem durchgesehenen Auflage der Gedichte Bd. 1 1804 S. 262 das Ideal und das Leben überschrieb.

Nachbarlich sind die Schatten, nicht mehr ein gegen uns streitendes Heer von Gestalten (B. 107), nicht ungesellig (B. 109) und abschreckend, sondern wie friedliche Nachbarn, gesellig (B. 120), anziehend, anmutend und freundlich uns umgebend. In der 12. Strophe B. 162 kommt das Wort wieder vor: Säule muß sich zu Säule in friedlicher, freundlicher Nachbarschaft gesellen, keine darf mit der andern streiten, sie zurückdrängen oder überragen wollen, wenn der ganze Bau harmonisch werden soll. Im Spaziergang B. 51 heißt es: „Nachbarlich wohnet der Mensch noch mit dem Acker zusammen", und die folgenden Verse führen das friedliche und freundliche Zusammenleben des Menschen mit seiner Flur aus, deren enges Gesetz er noch fröhlich mit ihr teilt, von der er sich nicht wegsehnt, „zur Freiheit erwacht". Dann aber sondert sich spröde ab, „was kaum noch liebend sich mischte".

Götzinger, Deutsche Dichter, 5. Aufl. 1877, versteht unter nachbar-

lichen Schatten „die sich abschattenden Formen, welche die Natur=
gegenstände immer begleiten".
118. Gegensatz V. 109 „rauh wie er".
119 f. Goethe, Faust, Vorspiel, V. 144 ff.:
Wenn aller Wesen unharmon'sche Menge
Verdrießlich durch einander klingt,
Wer teilt die fließend immer gleiche Reihe
Belebend ab, daß sie sich rhythmisch regt?
120. Gegensatz V. 109.

Zu den des Künstlers Verdienst und Thätigkeit charakterisierenden
Versen 116—120 vergleiche noch über den Gebrauch des Chors
Abs. 10: „Die Natur selbst [ihr eigentliches Wesen, ihr innerster Zu=
sammenhang] ist nur eine Idee des Geistes, die nie in die Sinne
fällt. Unter der Decke der Erscheinungen liegt sie, aber sie selbst
kommt niemals zur Erscheinung. Bloß der Kunst des Ideals ist es
verliehen, oder vielmehr es ist ihr aufgegeben, **diesen Geist des Alls**
[V. 115] **zu ergreifen, und in einer körperlichen Form zu binden.**"

134. **Zu edel .., nicht müßig zu empfangen.** Wie in
Vergleichungssätzen nach einem Komparativ die Negation stehen
darf (Wilmanns Deutsche Schulgrammatik II § 50, wo Beispiele
aus Schiller und Goethe angeführt werden: „**Es ging besser als
wir nicht dachten**"), so steht sie hier in einem gleichwertigen Satz=
verhältnisse. „Schärfer denn kein zweischneidig Schwert" übersetzte
Luther Ebräer 4, 12 τομώτερος ὑπὲρ πᾶσαν μάχαιραν. Dazu giebt
Lehmann, Luthers Sprache S. 100, eine Reihe von Beispielen aus
Lessing. In dem Buche über Lessings Sprache berührt er die Sache
nicht weiter. Franke, Grundzüge der Schriftsprache Luthers, hat ein
Kapitel über Negationen, aber obigen Fall erwähnt er nicht. Löper
bemerkt zu Goethes Dichtung und Wahrheit 20 S. 182 („oft bringt uns
.. ein augenblicklicher Anlaß mehr Freude, als der entscheidendste
Vorsatz nicht gewähren kann") und 21 S. 108 f. („eine größere Heiter=
keit, als ich lange nicht gekannt"): „Besonders nach Luther und
Lessing"; aber die Beispiele sind auch bei anderen, Opitz, Gellert,
Schiller ꝛc. nicht selten. Keinesfalls ist dieser Gebrauch „undeutsch",
wie manche Erklärer noch immer zu sagen belieben, sowenig
wie die Negation nach negativen Verben: verbieten, hindern,
warnen ꝛc. oder ihre Verstärkung: niemand nicht ꝛc. „unlogisch".
Seit den Erörterungen über Lessings Ausdruck in der Emilia II 6
„nicht ohne Mißfallen" — genau so in Kants Biographie v. Schubert,
Werke XI 2 S. 10 —, und weil man „nicht unschwer" immer von

neuem geschrieben findet und „nicht unübel" oft genug hört, hat man angefangen über den Gebrauch der Negation im Deutschen wieder richtiger zu denken. Siehe Bellermann zu Soph. Ant. V. 4 ἄτης ἄτερ im Anhang der 4. Auflage S. 160 f. und W. Heraeus in den N. Jahrbüchern für Phil. und Päd. Bd. 133 S. 713—720 über haud impigre, Livius XXXII 16, 11. Jener Gebrauch ist echt deutsch wie echt griechisch. Unter dem Einfluß des Lateinischen aber sind allmählich darüber undeutsche Vorschriften aufgekommen (R. Hildebrand in der Zeitschrift für deutschen Unterricht von Lyon, 3. Jahrg. 2. Heft S. 149 ff.), unter denen der Gebrauch gelitten hat.

Zum Ausdruck V. 134 vergleiche noch Schiller an Körner IV 170: „Freilich ist es unmöglich, bloß müßig zu empfangen, wenn man den Blick lange auf ein Kunstwerk heftet" u. s. w. Goethe, Tasso I 3 V. 460:

Und stellen wir denn Welt und Nachwelt vor,
So ziemt es nicht, nur müßig zu empfangen.

135. In Thon bildete nach der Sage (Plin. hist. nat. XXXV 151) zuerst in Korinth der Töpfer Butades aus Sicyon den Schatten nach, welchen seine Tochter vom Profil ihres in die Fremde ziehenden Geliebten beim Scheine der Lampe an der Wand umrissen hatte. Er drückte Thon darauf, machte ein Bild (Relief) daraus und brannte es mit anderen Töpferwaren. Lessing spielt im Laokoon II darauf an. Goethe spricht im 8. Briefe des Sammlers und der Seinigen, Bd. 28 S. 150, von dem Nachahmer: „Man kann dieses Talent als die Base der bildenden Kunst ansehen. Ob sie davon ausgegangen, mag noch eine Frage bleiben. Fängt ein Künstler davon an, so kann er sich bis zu dem Höchsten erheben; bleibt er dabei kleben, so darf man ihn einen Kopisten nennen" u. s. w.

Vergl. außerdem Goethes Aufsatz: Einfache Nachahmung der Natur, Manier, Stil Bd. 24 S. 525 ff., insbesondere S. 528: „Die einfache Nachahmung leichtfaßlicher Gegenstände (wir wollen hier zum Beispiel Blumen und Früchte nennen) kann schon auf einen hohen Grad gebracht werden. Es ist natürlich, daß einer, der Rosen nachbildet, bald die schönsten und frischesten Rosen kennen und unterscheiden und unter tausenden, die ihm der Sommer anbietet, heraussuchen werde. Also tritt hier schon die Wahl ein [Str. 12 V. 151 bis 53], ohne daß sich der Künstler einen allgemeinen, bestimmten Begriff von der Schönheit der Rose gemacht hätte [Str. 11 V. 139, 143, 144]. Er hat mit faßlichen Formen zu thun u. s. w. . . . die einfache Nachahmung arbeitet gleichsam im Vorhofe des Stils".

Str. 11.

139. **Betrachtung.** „Reflexion" XV 426, „freie Betrachtung" XV 284, bei Str. 10 schon citiert.

141. **vertraulichen Gestalten** (nachbarliche Schatten V. 117), Gegensatz zum „streitenden Gestaltenheer" V. 107. — Spaziergang V. 133: „Das vertraute Gesetz in des Zufalls grausenden Wundern", Wallensteins Tod I 4 V. 191: Die tück'schen Mächte, „die keines Menschen Kunst vertraulich macht".

146. **Werken eurer Hand.** Gegensatz zu den nachgeschaffenen holden Schatten V. 135.

Str. 12.

151. Siehe das Citat aus Goethe zu V. 135.

157—164. **Das Kind der Schönheit u. s. w.** Schiller an Körner, 30. März 1789, II 71: „Ich will sagen: Jedes Kunstwerk, jedes Werk der Schönheit ist ein Ganzes, und so lange es den Künstler beschäftigt, ist es sein eigener einziger Zweck; so z. B. eine einzelne Säule, eine einzelne Statue, eine poetische Beschreibung. Es ist sich allein genug [V. 157]. Es kann für sich bestehen, es ist vollendet in sich selbst. — Nun sage ich aber, wenn die Kunst weiter fortschreitet, so verwandelt sie dieses einzelne Ganze in Teile eines neuen und größeren Ganzen; denn ihr letzter Zweck ist nicht mehr in ihnen, sondern außer ihnen: darum sage ich, sie habe ihre Krone verloren [V. 159]. Die Natur, die einzeln gleichsam geherrscht hat, giebt diesen Vorzug an den Tempel ab, den sie ziert; der Charakter eines Hektor, an sich allein schon vollkommen, dient nur als ein subordiniertes Glied in der Iliade: die einzelne Säule dient der Symmetrie. Je reicher, je vollkommener die Kunst wird, desto mehr einzelne Ganze giebt sie uns in einem größeren Ganzen als Teile zu genießen, oder desto verwickelter und üppiger ist die Mannigfaltigkeit [Vgl. Str. 19 und V. 414], in der sie uns Einheit finden läßt."

162. **nachbarlich** V. 117.

Str. 13.

165. **Barbaren** sind hier alle, denen nicht „der zarte Sinn, die stille Hand" (V. 118) ,wie Einzelnen, künstlerisch Begabten verliehen war.

Wie die erfreuten Scharen hier staunend wahrnehmen, was einem der Ihrigen möglich geworden und den Eindruck seiner Schöpfung erfahren, so stürzt sich gerührt zu der Herrscherin Füßen der Menge

freudig Gewühl, und die rohen Seelen zerfließen in der Menschlich=
keit erstem Gefühl, im Eleusischen Fest Str. 14. Was dort rohe Seelen
gegenüber der Bringerin der Sitte, sind hier Barbaren gegenüber den
Künstlern. An Griechen und Nichtgriechen, an den Einfluß eines
Volkes auf ein anderes (Rudolph) kann hier nicht gedacht werden, wo
von dem ersten Eindruck der Anfänge künstlerischen Schaffens die
Rede ist, wie im Eleusischen Fest von „der Menschlichkeit erstem Ge=
fühl". Die Griechen selbst waren zunächst solche Barbaren, als die
ersten Künstler unter ihnen auftraten.

169 f. **geselligeren**, verglichen mit V. 120, ist der Gegensatz
zu V. 109. — Brief 27 über ästh. Erz. XV 440: „Der gesetzlose Sprung
der Freude wird zum Tanz, die ungestalte Geste zu einer anmutigen
harmonischen Geberdensprache, die verworrenen Laute der Empfindung
entfalten sich, fangen an dem Takt zu gehorchen und sich zum Gesange
zu biegen" S. 442: „**Die Schönheit allein kann einen geselligen
Charakter erteilen.** Der Geschmack allein bringt Harmonie in die
Gesellschaft, weil er Harmonie in dem Individuum stiftet."

169—173. Vergl. dazu auch Herder, Wirkung der Dichtkunst auf
Völker XVII 56: „Ein Dichter ist Schöpfer eines Volkes um sich;
er giebt ihnen eine Welt zu sehen und hat ihre Seelen in seiner
Hand, sie dahin zu führen", und vorher S. 43: „Ein Chor Singender
ist gleichsam schon eine Gesellschaft Brüder; das Herz wird geöffnet;
sie fühlen im Strom des Gesanges sich ein Herz und eine Seele."

176 f. Brief 25 über ästhet. Erz. XV 426: „Wenn die Begierde
ihren Gegenstand unmittelbar ergreift, so rückt die Betrachtung den
ihrigen in die Ferne, und macht ihn eben dadurch zu ihrem wahren
und unverlierbaren Eigentum, daß sie ihn vor der Leidenschaft
flüchtet."

Schiller an Körner 30. März 1789 über V. 177: „Jeder sinnlichen
Begierde liegt ein gewisser Drang zum Grunde, den Gegenstand dieser
Begierde sich einzuverleiben, in sich hineinzureißen, von der Lust des
Gaumens an bis zur sinnlichen Liebe. Die sinnliche Begierde zerstört
ihren Gegenstand, um ihn zu einem Teil des bestehenden Wesens zu
machen."

178. Die im Genusse nicht verscheiden. Das Ideal und das
Leben Str. 2 (3) V. 25:
Des Genusses wandelbare Freuden
Rächet schleunig der Begierde Flucht.
XV 242: „Die Reize der Sinne sterben mit ihrer Befriedigung".
Doch Faust, bei Goethe, Wald und Höhle, V. 3250:

So tauml' ich von Begierde zu Genuß,
Und im Genuß verschmacht' ich nach Begierde.

Bei dieser und den beiden folgenden Strophen ist an Lessing zu erinnern. Eines seiner Jugendgedichte (Fragmente 5, I 172 ff.): An den Herrn Marpurg, über die Regeln der Wissenschaften zum Vergnügen, besonders der Poesie und Tonkunst, enthält die nämlichen Gedanken, die Schiller hier ausführt, selbst die Worte sind einigemal ganz ähnlich. Diese überraschende und gewiß höchst interessante Übereinstimmung, auf welche mich Hermann Baumgart in seiner freundlichen Teilnahme an diesen Erklärungen hingewiesen hat, bestärkt, ähnlich wie Goethes Übereinstimmung mit der Grundidee, die Richtigkeit der Gedanken Schillers. Die Stelle lautet:

Freund, wundre dich nur nicht, daß einst des Orpheus Saiten
Die Tiger zahm gemacht und lehrten Bäume schreiten;
Das ist: ein wildes Volk, den Tieren untermengt,
Hat, wenn er spielte, sich erstaunt um ihn gedrängt [V. 165].
Sein ungekitzelt Ohr fühlt süße Zaubereien;
Ihn lehrt die Macht der Kunst die Macht der Götter scheuen,
Und was der Wundermann lobt, ratet und befiehlt,
Hat bei den Rauhesten den Reiz, mit dem er spielt.
Die Menschlichkeit erwacht [V. 184]; der Tugend sanftes Feuer
Erhitzt die leere Brust [V. 173] und wird die Frucht der Leier.
Der Wald sieht sich verschmäht, man sammelt sich zu Hauf,
Man herrscht, man dient, man liebt und bauet Flecken auf.
So wirkt ein Leierman — und Gott weiß, was für einer! —
Den Grund zum größten Staat und macht die Bürger freier."

Der Schluß geht in die Gedankenreihe des Eleusischen Festes über, auf welches schon wiederholt oben hingewiesen ist, als ein Seitenstück zu den Künstlern. Vergl. auch Schillers Dissertation. XIV 123: „Töne schmelzen die Wilden, Schönheit und Harmonie veredeln Sitten und Geschmack, und die Kunst geleitet zu Wissenschaft und Tugend hinüber."

Str. 14.

184. **Menschheit.** Zu V. 102.

187. Brief 25 über ästh. Erz. XV 426: „So wie er (der Mensch) anfängt, seine Selbständigkeit gegen die Natur als Erscheinung zu behaupten, so behauptet er auch gegen die Natur als Macht seine Würde, und mit edler Freiheit richtet er sich auf gegen seine

Götter. Sie werfen die Gespensterlarven ab, womit sie seine Kindheit geängstigt hatten, und überraschen ihn mit seinem eigenen Bild, indem sie seine Vorstellung werden."

Smelmann dazu: „Ovid met. II 75f.: Os homini sublime dedit caelumque tueri Jussit et erectos ad sidera tollere vultus hatte Schiller schon zum Motto seiner medizinischen Dissertation (1780) gewählt. Wenige Jahre vor dem Entstehen der „Künstler" hatte Herder im 14. Buch der Ideen (1784) die aufrechte Gestalt als das unterscheidende Merkmal des Menschen und als Bedingung aller höheren Entwickelung . . . behandelt und Sprache, Freiheit, Schamgefühl, Liebe, Gerechtigkeit, Wohlanständigkeit, Religion und Unsterblichkeitsglauben als „Sprossen der Humanität der aufgerichteten Bildung" bezeichnet (vergl. Kants Rec. der Ideen IV 171—191 ed. Hartenstein)."

Str. 15.

Brief 27 über ästhet. Erz. XV 440: „Eine schönere Notwendigkeit kettet jetzt die Geschlechter zusammen, und der Herzen Anteil hilft das Bündnis bewahren, das die Begierde nur launisch und wandelbar knüpft. Aus ihren düstern Fesseln entlassen, ergreift das ruhigere Auge die Gestalt, die Seele schaut in die Seele, und aus einem eigennützigen Tausche der Lust wird ein großmütiger Wechsel der Neigung. Die Begierde erweitert und erhebt sich zur Liebe, so wie die Menschheit in ihrem Gegenstand aufgeht [die Begierde der Menschen nicht mehr unmittelbar ergreift, XV 426, nicht in ihr Wesen reißt V. 177], und der niedrige Vorteil über den Sinn wird verschmäht, um über den Willen einen edleren Sieg zu erkämpfen."

197. Begraben — Keim. Das Partizipium ebenso gestellt in den Kranichen des Ibykus Str. 7: „Obgleich entstellt von Wunden, Erkennt der Gastfreund in Korinth Die Züge, die ihm teuer sind." Die Macht des Gesanges Str. 2: Verbündet mit den furchtbar'n Wesen, . . . Wer kann des Sängers Zauber lösen" u. ö.

203. Vergl. auch das Eleusische Fest Str. 24: „Und sie führt den schönsten Hirten Zu der schönsten Hirtin hin."

Str. 16.

210—12. Zur Idealisierung, d. i. Verwandlung in reine Formen (vergl. V. 426), der „notwendigen Operation des Dichters" und jedes Künstlers gehört „die in mehreren Gegenständen zerstreuten Strahlen von Vollkommenheit in einem einzigen zu sammeln."

Schiller über Bürger XIV 528. Winckelmann ist gleicher Ansicht. Gesch. der Kunst ed. J. Lessing, Berlin 1870, S. 107ff.: „Die Bildung der Schönheit ist entweder individuell d. i. auf das einzelne gerichtet, oder sie ist eine Wahl schöner Teile aus vielen einzelnen und Verbindung in eins, welche wir idealisch nennen. Die Bildung der Schönheit hat angefangen mit dem einzelnen Schönen [Str. 10], in Nachahmung eines schönen Vorwurfs ... In der schönen Jugend (der Gymnasia) fanden die Künstler die Ursache der Schönheit in der Einheit, in der Mannigfaltigkeit und Uebereinstimmung ... Je mehr Einheit .. in der Verbindung der Formen und in der Aus= fließung einer aus der andern ist, desto größer ist die Schönheit des Ganzen. Ein schönes jugendliches Gewächs, aus solchen Formen ge= bildet, ist wie die Einheit der Fläche des Meeres, welche in einiger Weite eben und still, wie ein Spiegel, erscheint, ob es gleich alle Zeit in Bewegung ist und Wogen wälzt ...

· „Die Natur aber und das Gebäude der schönsten Körper ist selten ohne Mängel und hat Formen oder Teile, die sich an andern Körpern vollkommener finden, oder denken lassen, und dieser Erfahrung gemäß verfuhren die weisen Künstler wie ein geschickter Gärtner [S. auch den Vergleich Str. 12], welcher verschiedene Absenker von edlen Arten auf einen Stamm pfropft; und wie eine Biene aus vielen Blumen sammelt, so blieben die Begriffe der Schönheit nicht auf das indivi= duelle einzelne Schöne eingeschränkt.., sondern sie suchten das Schöne aus vielen schönen Körpern zu vereinigen. Sie reinigten ihre Bilder von aller persönlichen Neigung, welche unsern Geist von dem wahren Schönen abzieht". In der Ausgabe von 1777 folgt noch: „Diese Wahl der schönsten Teile und deren harmonische Verbindung in einer Figur brachte die idealische Schönheit hervor ..., so daß das Ideal nicht in allen Teilen der menschlichen Figur besonders stattfindet, sondern nur allein von dem Ganzen der Gestalt gesagt werden kann. Denn stückweise finden sich ebenso hohe Schönheiten in der Natur, als irgend die Kunst mag hervorgebracht haben, aber im ganzen muß die Natur der Kunst weichen."

In den Gedanken über die Nachahmung griechischer Meisterwerke heißt es S. 22: „Die Kenner und Nachahmer der griechischen Werke finden in ihren Meisterstücken nicht allein die schönste Natur, sondern noch mehr als Natur, d. i. gewisse idealische Schönheiten derselben, die, wie uns ein alter Ausleger des Plato lehrt, von Bildern bloß im Verstande entworfen, gemacht sind." S. 285: „Diese häufigen Gelegenheiten zur Beobachtung der Natur veranlaßten die griechischen

Künstler noch weiter zu gehen: sie fingen an sich gewisse allgemeine Begriffe von Schönheiten sowohl einzelner Teile als ganzer Verhältnisse der Körper zu bilden, die sich über die Natur selbst erheben sollten; ihr Urbild war eine bloß im Verstande entworfene geistige Natur.

„So bildete Raphael seine Galathea. Man sehe seinen Brief an den Grafen Balthasar Castiglione: „Da die Schönheiten", schreibt er, „unter den Frauenzimmern so selten sind, so bediene ich mich einer gewissen Idee in meiner Einbildung." [H. Grimm, Zehn ausgew. Essays, Berlin 1871, S. 27.]

„Nach solchen über die gewöhnliche Form der Malerei erhabenen Begriffen bildeten die Griechen Götter und Menschen ... Das Gesetz, die Personen ähnlich und zu gleicher Zeit schöner zu machen, war allezeit das höchste Gesetz, welches die griechischen Künstler über sich erkannten, und setzt notwendig eine Absicht des Meisters auf eine schönere und vollkommenere Natur voraus." Schiller XV 369: „Er (der Künstler) strebe aus dem Bunde des Möglichen mit dem Wirklichen das Ideal zu erzeugen." Siehe auch das Citat zu Str. 19, V. 259 ff.

211. Der Edeln Grazie. Winckelmann, von der Grazie in den Werken der Kunst, erklärt: „Grazie ist das vernünftig Gefällige" (vernünftig, zum Unterschiede vom sinnlich Gefälligen = Reiz). „Aller Menschen Thun und Handeln wird durch dieselbe angenehm." Χάρις, ἅπερ ἅπαντα τεύχει τὰ μείλιχα θνατοῖς, Pind. Ol. I 30. Charis, welche das alles schafft, was Menschen bezaubert; wie sie Athene über Odysseus ausgießt, Od. 8, 18. — In Str. 23 V. 330 kehrt das Wort wieder und V. 332 lehrt, daß Schiller Grazie und Anmut hier wie in der Abhandlung über Anmut und Würde ganz gleich bedeutend gebraucht, an manchen Stellen nur des Wohllauts wegen, um Wiederholung zu meiden, wechselt. XV 172: „Könnte sich die Begierde mit Anmut, der Instinkt mit Grazie äußern." Am beweiskräftigsten ist XV 186: „von der nachgeahmten oder gelernten Anmut (die ich die theatralische und die Tanzmeistergrazie nennen möchte)." Gegen Ende der Abh. XV 220 unterscheidet er: „Reiz, Anmut und Grazie werden zwar gewöhnlich als gleichbedeutend gebraucht; sie sind es aber nicht, oder sollten es doch nicht sein ... Es giebt eine belebende und eine beruhigende Grazie. Die erste grenzt an den Sinnenreiz ... Diese kann Reiz genannt werden ... Die beruhigende Grazie grenzt näher an die Würde ... Diese kann Anmut genannt werden." Grazie wird also schließlich zum Gattungs-, Anmut zum

Artbegriff. Auf die Abhandlung sonst ist das aber nicht von Einfluß gewesen.

Grazie: Glorie. Daß nur Endungen reimen, kommt auch sonst noch bei Schiller vor. Z. B. Die Götter Griechenlands Str. 9 V. 6. 8 Sterblichen: Erinnyen. Resignation Str. 5 V. 2. 5 Redlichen: Leidenden.

213. stelltet es in Glorie, auf Körners Frage, warum nicht eine Glorie? unnötig, ja wegen des wiederholten eine störend, geändert. In ursprünglicher Form Maria Stuart II 9 V. 977: Deine Schönheit..., durch Ehrbarkeit bewacht, in Glorie gestellt, durch einen unbefleckten Tugendruf.

214. vor dem Unbekannten = „dem großen Wesen" V. 217, also neutral, wenn die Ausdrucksweise wie V. 342 f. ist: Die fürchterliche Unbekannte, die unerweichte Parze, oder, wenn das Semikolon V. 215 beide scheiden sollte, Maskulinum, wie im Liede an die Freude: „Wo der Unbekannte thronet"; jedenfalls kann „seinen Widerschein" V. 215 nur der des Unbekannten sein, nicht „sein eigener" d. i. des Menschen. Vergleiche wieder das Eleusische Fest Str. 12:

Dem Volke,
Das dich, Hoher, noch nicht kennt,
Nimm hinweg des Auges Wolke,
Daß es seinen Gott erkennt.

215. Ähnlich V. 46. Und schon in der Dissertation XIV 123.

216 f. Vergleiche XIV 354: „Alle Geister werden angezogen von Vollkommenheit... Anschauung des Schönen, des Wahren, des Vortrefflichen ist augenblickliche Besitznahme dieser Eigenschaften. Welchen Zustand wir wahrnehmen, in diesen treten wir selbst. In dem Augenblicke, wo wir sie uns denken, sind wir Eigenthümer einer Tugend, Urheber einer Handlung, Erfinder einer Wahrheit, Inhaber einer Glückseligkeit. Wir selber werden das empfundene Objekt u. s. w.

219. Natur, oft in unserem Gedicht, bedeutet den Inbegriff aller Erscheinungen, wie sie den Menschen umgeben (273. 278. 371. 394) oder ihn mit einschließen (225. 396), Welt; in diesem Sinne ist Natur ein Lieblingsausdruck Klopstocks und Goethes. Vergleiche auch das Mädchen aus der Fremde: in einer glücklichern Natur, in anderer Umgebung, in einer anderen Welt, unter anderen Bedingungen des Seins (in anderem Sonnenlicht) sind ihre Früchte gereift. XV 286: „von einer andern Natur die Befriedigung zu erwarten."

Str. 17.

Schiller an Körner II 73: „Die moralischen Erscheinungen, Leidenschaften, Handlungen, Schicksale, deren Verhältnisse der Mensch im großen Laufe der Natur nicht immer verfolgen und übersehen kann, ordnet der Dichter nach künstlichen, d. h. er giebt ihnen künstlich Zusammenhang und Auflösung. Diese Handlung begleitet er mit Glückseligkeit, jene Leidenschaft läßt er zu diesen oder jenen Handlungen führen, dieses Schicksal spinnt er aus diesen Handlungen oder diesen Charakteren u. s. w. Der Mensch lernt nach und nach diese künstlichen Verhältnisse in den Lauf der Natur über=tragen, und wenn er also eine einzelne Leidenschaft oder Handlung in sich oder um sich herum bemerkt, so leiht er ihr — nach einer ge= gewissen Reminiscenz aus seinen Dichtern — dieses oder jenes Motiv, dieses oder jenes Ende — d. h. er denkt sie sich als den Teil oder das Glied eines Ganzen; denn sein durch Kunstwerke geübtes Gefühl für Ebenmaß leidet keine Fragmente mehr. Überall sucht er Symmetrie, die ihn die Kunst kennen gelehrt hat."

Imelmann macht auf Körners eigene Äußerung im Briefe vom 18. Februar 1789 (II 30) aufmerksam: „Gefühl für Schönheit ist es, was das Chaos der Erfahrungen ordnet und zu Ergänzungen der Lücken auffordert"

220—24. Goethe, Zu dem Festspiel „Des Epimenides Er=wachen" III 51:

Der Dichter sucht das Schicksal zu entbinden,
Das, wogenhaft und schrecklich ungestaltet,
Nicht Maß, noch Ziel, noch Richte weiß zu finden
Und brausend webt, zerstört und knirschend waltet.
Da faßt die Kunst in liebendem Entzücken
Der Masse Wust; die ist sogleich entfaltet,
Durch Mitverdienst gemeinsamen Erregens,
Gesang und Rede sinnigen Bewegens.

225—28. Lessing, Dramaturgie St. 30: „In der Natur ist alles mit allem verbunden; alles durchkreuzt sich, alles wechselt mit allem, alles verändert sich eines in das andere. Aber nach dieser unendlichen Mannigfaltigkeit ist sie nur ein Schauspiel für einen unendlichen Geist. Um endliche Geister an dem Genusse derselben Anteil nehmen zu lassen, mußten diese das Vermögen erhalten, ihr Schranken zu geben, die sie nicht hat; das Vermögen abzusondern, und ihre Aufmerksamkeit nach Gut=dünken lenken zu können .. Die Bestimmung der Kunst ist, uns in dem Reiche des Schönen dieser Absonderung zu überheben, uns die Fixierung unserer Aufmerksamkeit zu erleichtern. Alles, was wir in der Natur von einem Gegenstande, oder einer Verbindung verschiedener Gegenstände, es sei der Zeit oder dem Raum nach, in unsern Gedanken absondern, oder absondern zu können wünschen, sondert sie wirklich ab, und gewährt uns diesen Gegenstand, oder diese Verbindung verschiedener Gegenstände so lauter und bündig, als es nur immer die Empfindung, die sie erregen sollen, verstattet."

227 ff. XIV 233 f.: Schaubühne.., wo Anschauung und lebendige Gegenwart ist, wo Laster und Tugend, Glückseligkeit und Elend, Thorheit und Weisheit in tausend Gemälden faßlich und wahr an den Menschen vorüberziehen, wo die Vorsehung [V. 236] ihre **Räthsel auflöst**, ihre Knoten vor seinen Augen entwickelt, wo das menschliche Herz auf den Foltern der Leidenschaft seine leisesten Regungen beichtet [V. 229—31], alle Larven fallen, alle Schminke verfliegt und die Wahrheit unbestechlich wie Rhadamanthus Gericht hält." Siehe auch XIV 152. 156.

229—31. Wie angedeutet, sind diese Verse ein dichterischer Ausdruck des eben citierten Satzes: „wo (im Theater) das menschliche Herz auf den Foltern der Leidenschaft seine leisesten Regungen beichtet"; nach echt poetischer Weise wird das „Allgemeine in den besondersten Fall verwandelt" (Schiller an Goethe, 21. Juli 1797), individualisiert, für die Macht der Kunst (des Gesanges), wo jede Larve fällt, einer der mächtigsten Gesänge, die es giebt, eingesetzt. An Aeschylus Chor in den Eumeniden ist also notwendig zu denken. Daß aber bei dem Morde V. 230 der des Jbykus vorschwebte, geht keineswegs „deutlich" aus der Stelle hervor, wie W. von Humboldt in der Vorerinnerung zum Briefwechsel mit Schiller S. 9 sagt. Hier ist die Rede von der Gewalt des Gesanges auf das Gemüt, von der Pein des Schuldigen durch dieselbe, selbst wenn seine That nie entdeckt wird, V. 230. In der überlieferten Geschichte des Jbykus, Plutarch de garrulitate cap. 14, erfolgt die Entdeckung des Mordes nicht durch die Macht der Kunst, sondern durch die Macht der Eumeniden, die sich des Lachens der Mörder zu bedienen wissen, allerdings im Theater; nur um die Macht der Eumeniden handelt es sich da, die aber ohne den Gesang gar nicht in den Zusammenhang unserer Stelle paßt. Ebenso in dem Gedicht der griechischen Anthologie (cap. VII 745 ed. Dübner Band I 416): Das Auge der Eumeniden wacht, die Götter rächen ihre Sänger. Und auch in Schillers Kranichen des Jbykus hat den Mörder „das Stück nicht eigentlich gerührt und zerknirscht", lediglich darum aber handelt es sich in den Künstlern. Der Dichter versicherte jenes ausdrücklich, an Goethe 7. September 1797: „Das ist meine Meinung nicht", sondern „es hat ihn an seine That und also auch an das, was dabei vorgekommen, erinnert, sein Gemüt ist davon frappiert. Die Erscheinung der Kraniche muß also in diesem Augenblick ihn überraschen, er ist ein roher dummer Kerl, über den der momentane Eindruck alle Gewalt hat; der laute Ausruf ist unter diesen Umständen natürlich." Vorher: „Meine Ausführung soll nicht ins Wunderbare gehen, auch schon bei dem ersten Konzept fiel mir das nicht ein ... der bloße natürliche Zufall muß die Katastrophe erklären." Das ist die Absicht und Meinung des Dichters selbst; unsere Verse in den Künstlern sprechen gerade im Gegensatz dazu von dem Wunderbaren. Der Gedanke an die Kraniche des Ibykus bei derselben kann also nur bewirken, diese so aufzufassen, wie es Schiller selbst nicht gewollt hat. „Gebet acht! Das ist der Eumeniden Macht!"

235. Thespis' Wagen = I 211 (236). Horaz ars poëtica V. 274f.:
ignotum Tragicae genus invenisse Camenae
dicitur et plaustris vexisse poëmata Thespis.

236. Vorsicht für Vorsehung wie z. B. auch in der Resignation Str. 5: „Der Vorsicht Rätsel werdest du mir lösen," oder im Don Carlos I 2: „Erhabene Vorsicht", oder bei Goethe, Die Geheimnisse I 30:
Und fragst Du mich, wie der Erwählte heiße,
Den sich das Aug' der Vorsicht ausersah. —

Schiller über den Gebrauch des Chors Abs. 5: „Er (der Zuschauer) will, wenn er von ernsthafterer Natur ist, die moralische Weltregierung, die er im wirklichen Leben vermißt, auf der Schaubühne finden."

Geibel, Widmung einer Tragödie II 217:
..... es sei das Trauerspiel
Ein dunkler Spiegel, drin, zum Bild gefaßt,
Das ewige Gesetz des Weltengangs
Gestaltenreich dem Volk sich offenbart.

Str. 18.

Schiller an Körner 30. März 1789 im Anschluß an die Erklärung von Str. 17: „Aber dieses Gesetz des Ebenmaßes wendet er zu früh auf die wirkliche Welt an, weil viele Partien dieses großen Gebäudes für ihn noch in Dunkel gestellt sind. Um also sein Gefühl für Ebenmaß zu befriedigen, muß er der Natur eine künstliche Nachhilfe geben, er muß ihr gleichsam borgen. So z. B. fehlte es ihm an dem nötigen Lichte, das Leben der Menschen zu überschauen, und die schönen Verhältnisse von Moralität und Glückseligkeit darin zu erkennen. Er fand in seiner kindischen Einbildung Disproportionen; da sich aber sein Geist einmal mit dem Ebenmaße vertraut gemacht, so schenkt er aus dichtender Eigenmacht dem Leben ein zweites, um in diesem zweiten die Disproportionen des jetzigen aufzulösen. So entstand die Poesie von einer Unsterblichkeit. Die Unsterblichkeit ist ein Produkt des Gefühls für Ebenmaß, nach dem der Mensch die moralische Welt überschauen wollte, ehe er diese genug überschaute."

Was Schiller so als ein Produkt des Gefühls für Ebenmaß hinstellte, erklärte in derselben Zeit Kant in seiner Kritik der praktischen Vernunft 1788 für ein Postulat des sittlichen Bewußtseins: Unsterblichkeit neben den beiden anderen großen Ideen Gott und Freiheit. In Schillers Worten des Glaubens (1797) lauten sie: Freiheit, Tugend, Gott. — In dem Briefe eines reisenden Dänen, Thalia I (1785), wird Schiller durch den „allgemeinen Hang nach Verschönerung" des Menschen zur Gewißheit der Unsterblichkeit der Seele geführt: „Der Mensch brachte hier (in griechischen Götterbildern) etwas zu stande, das mehr ist, als er selbst war, das an etwas Größeres erinnert als seine Gattung — beweist das vielleicht, daß er weniger ist, als er sein wird?" XIV 282.

Vergl. noch über das Erhabene XV 286: „Wer .. die große Haushaltung der Natur mit der dürftigen Fackel des Verstandes beleuchtet, und immer nur darauf ausgeht, ihre kühne Unordnung in Harmonie aufzulösen, der kann sich in einer Welt nicht gefallen, wo der tolle Zufall als ein weiser Plan zu regieren scheint, und bei weitem in den mehresten Fällen Verdienst und Glück mit einander im Widerspruche stehn. Er will haben, daß in dem großen Weltenlaufe alles wie in einer guten Wirtschaft geordnet sei, und vermißt er, wie es nicht wohl anders sein kann, diese Gesetzmäßigkeit, so bleibt ihm nichts anders übrig, als von einer künftigen Existenz und von einer andern Natur die Befriedigung zu erwarten, die ihm die gegenwärtige und vergangene schuldig bleibt." Vergl. auch XIV 152. 156 und das Lied an die Freude Str. 2:

> Was den großen Ring bewohnet
> Huldige der Sympathie,
> Zu den Sternen leitet sie,
> Wo der Unbekannte thronet.

und Str. 5:

>Duldet für die beff're Welt!
>Droben überm Sternenzelt
>Wird ein großer Gott belohnen.

247. **Avernus.** See bei Cuma in Campanien (Vergil: stagna, freta Averna), Eingang in die Unterwelt (Verg. aen. V 732 Ditis... Infernas accede domos et Averna per alta Congressus pete, nate, meos) und diese selbst. So bei Goethe Iphigenie III 1 V. 980:

>.... hat ein gleich Geschick
>Mit des Avernus Netzen ihn umschlungen?

In Prosa stand: „Hat ihn ein gleich Geschick in des Avernus schwarzes Netz verwickelt?"

250 ff. Schiller a. a. O. „Das Gleichnis: der Schatten in des Mondes Angesichte u. s. w. hat in meinen Augen einen ungemeinen Wert. Das menschliche Leben, sage ich in den vorhergehenden Versen, erscheint dem Menschen als ein Bogen, d. h. als ein unvollkommener Teil eines Kreises, den er durch die Nacht des Grabes fortsetzt, um den Zirkel ganz zu machen (von Schönheit, oder Kunstgefühl sich regieren lassen, ist ja nichts anderes, als den Hang haben, alles zur Vollendung zu bringen). Nun ist aber der wachsende Mond ein solcher Bogen, und der übrige Teil, der noch fehlt, um den Zirkel völlig zu machen, ist unbeleuchtet.

„Ich stelle also zwei Jünglinge nebeneinander, davon der eine beleuchtet ist, der andere nicht (mit umgestürztem Lichte); jenen vergleiche ich mit der beleuchteten Mondeshälfte, diesen mit der schwarzen, oder, was eben soviel sagt: Die Alten, die den Tod bildeten, stellten ihn als einen Jüngling vor, der eben so schön ist als sein Bruder, das Leben; aber sie gaben ihm eine umgestürzte Fackel, um anzudeuten, daß man ihn nicht sehe — ebenso wie wir an den ganzen Ring des Mondes glauben, ob er uns gleich nur als Bogen oder als Horn erscheint. Ich habe in dieser Stelle ein Gleichnis Ossians in Gedanken gehabt und zu veredeln gesucht. Ossian sagt von einem, der dem Tode nahe war: Der Tod stand hinter ihm, wie die schwarze Hälfte des Mondes hinter seinem silbernen Horne [von R. Borberger nachgewiesen in dem Gedicht Luthullin]. Diese ganze Strophe muß man überhaupt mit einer lebhaften Gegenwart des Hauptgedankens lesen" u. s. w. Siehe S. 44.

Nach dieser Erklärung wird Schiller nicht daran gedacht haben, daß von dem Zwillingspaar Kastor sterblich, Polydeukes unsterblich ist (Pindar Nem. X 80 f.) — nicht umgekehrt, wie es Putsche an=

merkt —, sondern für die Zwillinge Leben und Tod wählte er in poetischer Weise lebendiger personificierend jenes allbekannte Paar und gab dem einen das Attribut des Genius des Todes.

252 f. Das Bild liebte Schiller. Das Ideal und das Leben Str. 2 ursprünglicher Fassung V. 14 ff.

> Wenn sich Lunens Silberhörner füllen,
> Muß die andre Hälfte Nacht umhüllen,
> Wird die Strahlenscheibe niemals voll?

Str. 19.

Humboldt, Vorerinnerung zum Briefwechsel mit Schiller S. 38 f.: „In mehreren Stellen seiner Briefe giebt Schiller die größere Rücksicht auf die Form des Ganzen als den eigentlichen, von ihm gemachten Fortschritt an und tadelt das Hängen am Einzelnen und die durch Vorliebe geleitete Behandlung der Teile. Viel früher aber spricht er dies höchste Erfordernis eines Kunstwerks wundervoll klar und schön in den Künstlern aus." Eine solche Stelle enthält z. B. der Brief v. 21. März 1796 S. 293: „Vordem legte ich das ganze Gewicht in die Mehrheit des Einzelnen, jetzt wird alles auf die Totalität berechnet, und ich werde mich bemühen, denselben Reichtum im einzelnen mit ebensovielem Aufwand von Kunst zu verstecken, als ich sonst angewandt, ihn zu zeigen und das Einzelne recht vorbringen zu lassen."

255: Der Genie. „Die französische Form des lat. genius, welche diesen im 18. Jahrhundert zum Teil verdrängte und ..... unter dem Einfluß von ingenium aus dem Maskulinum zu einem Neutrum wurde .... Der Genie ist namentlich Wielands Form, er mochte sie von Bodmer übernommen haben: „Der dichterische Genie (ingenium), den die Musen erzogen haben und die Gratien begeistern, ist ein Anakreon" .... zugleich auch für genius im alten Sinne: ein freundlicher Genie .... Noch bei Schiller in den Künstlern V. 255 der schaffende Genie d. h. es ist genius französisch gedacht, wie bei Wieland vorhin ein freundlicher Genie." R. Hildebrand im D. Wörterbuche.

259 ff. Vergl. aus Winckelmanns Schilderung des Apollo von Belvedere in der Geschichte der Kunst des Altertums: „Der Künstler hat dieses Werk ganz auf das Ideal gebaut .... die einzelnen Schönheiten der übrigen Götter treten hier wie bei der Pandora in Gemeinschaft zusammen."

264 f. An Körner schreibt Schiller, II 72, in Fortsetzung des über

V. 157 ff. Gesagten: „Wenn ich sage, der Zeus des Phidias neige sich in seinem Tempel zu Olympia, so sage ich nichts anderes, als: Diese Statue, die für sich selbst ein Gegenstand der allgemeinen Bewunderung sein würde, hört auf ihre Wirkung allein hervorzubringen, sobald sie in dem Tempel steht, und giebt nur das Ihrige zu dem Totaleindruck von Majestät u. s. f., der durch das Ensemble des ganzen Tempels hervorgebracht wird. Aber die eigentliche Schönheit dieser Stelle liegt in einer Anspielung auf die gebückte Stellung des Olympischen Jupiter, der in diesem Tempel sitzend und so vorgestellt war, daß er das Dach hätte aufheben müssen, wenn er sich aufgerichtet hätte. Wer dieses weiß, dem wird durch meinen Ausdruck: **er neigt sich**, eine angenehme Nebenidee erweckt. Mir hat überhaupt diese gebückte Stellung des Olympischen Jupiter immer sehr gefallen, weil sie soviel sagen kann, als hätte sich der Gott herabgelassen und nach der menschlichen Einschränkung bequemt, und alles würde unter ihm zusammenfallen, wenn er sich **aufgerichtet**, d. h. als Gott zeigte."

Str. 20.

270 f. Von Cornelius dargestellt in den Loggien der Pinakothek zu München, Lunette Loggia I der westlichen oder deutschen Abteilungen. Entwürfe zu den kunstgeschichtlichen Fresken der K. Pinakothek zu München, gestochen von Merz, Leipzig, Dürr 1875, Tafel 46: „Der Genius der Menschheit trägt in seinem Aufschwung zu geistiger Freiheit die Kunst zu den Sternen empor; dankbar nährt sie die Flamme, womit er das Leben erleuchtet und erwärmt."

277. Man erinnere sich dabei wieder der Stelle aus der Abhandlung über den Chor Abs. 10: „Der Kunst ist aufgegeben den Geist des Alls zu ergreifen und in einer schönen Form zu binden", und vergleiche auch das Wort des Plinius, welches Herder hinter die Vorrede (1784) zu seinen Ideen setzte: „Naturae .... rerum vis atque maiestas in omnibus momentis fide caret, si quis modo partes eius ac non totam complectatur animo."

282. **seiner Schönheit Pflichten**, Gesetze, zu deren Befolgung ihn die Schönheit verpflichtet, wie im Ideal und Leben Str. 2 (3) V. 30: „des Orkus Pflicht" und Graf von Habsburg Str. 5: „er steht in des größeren Herren Pflicht."

Str. 21.

290 f. S. V. 85. — 292 f. Das Ideal und das Leben Str. 4 (7) a. E.:
„Wenn im Leben noch des Kampfes Wage
Schwankt, erscheinet hier der Sieg,
u. Str. 5 (8) a. E.:
Dann erblicket von der Schönheit Hügel
Freudig das erflog'ne Ziel."
298. S. V. 110. — 301 f. über Matthisson XIV 554: „In thätigen und zum Gefühl ihrer moralischen Würde erwachten Gemütern sieht die Vernunft dem Spiele der Einbildungskraft niemals müßig zu; unaufhörlich ist sie bestrebt, dieses zufällige Spiel mit ihrem eigenen Verfahren übereinstimmend zu machen ..... Jene liebliche Harmonie der Gestalten, der Töne und des Lichts, die den ästhetischen Sinn entzücket, befriedigt jetzt zugleich den moralischen; jene Stätigkeit, mit der sich die Linien im Raum oder die Töne in der Zeit aneinander fügen, ist ein natürliches Symbol der innern Übereinstimmung des Gemüts mit sich selbst und des sittlichen Zusammenhangs der Handlungen und Gefühle, und in der schönen Haltung eines pittoresken oder musikalischen Stücks malt sich die noch schönere einer sittlich gestimmten Seele." Auch XV 303: „Wir sind aufgelöst in süße Empfindungen von Ruhe, und indem unsere Sinne von der Harmonie der Farben, der Gestalten und Töne auf das angenehmste gerührt werden, ergötzt sich das Gemüt an einem leichten und geistreichen Ideengang, und das Herz an einem Strom von Gefühlen."

A. Schöll, Goethe in Hauptzügen seines Lebens und Wirkens S. 432: „Wie immer es komme, daß ein Mensch von ganzer Seele befriedigt wird, sei es im Naturentzücken des Frühlings, oder im begeisterten Zusammenfassen gehaltvoller Wahrheit, im glücklich wogenden Jugendmut, im Seelenaustausch völliger Liebe: in solchen Momenten ist ihm, weil er harmonisch und seine Seele ihm Bildnis für die Welt ist, die ganze Welt harmonisch, die Schönheit allgegenwärtig."

Zum Ausdruck V. 302 die Ideale Str. 7: „Wie tanzte vor des Lebens Wagen die luftige Begleitung her" und V. 307 die Erwartung Str. 6: „Mein Ohr umtönt ein Harmonieenfluß (Gegensatz V. 107, ein streitendes Gestaltenheer) und Sehnsucht Str. 2.

311—15. S. V. 87 bleicht kein Geschick. Die Führer des Lebens

V. 4: „Leichter an seinem Arm werden dir Schicksal und Pflicht." Geibel II 210 f. Gnomen III:

In düsterer Stunde
Wahre den heiligen Mut, wahr' in beglückter das Maß;
Horch, dann schmilzt dir der Parze Gesang zu flötendem Wohllaut.
Und du verführst das Geschick, dem du dich heiter ergabst.

315. Humboldt, Vorerinnerung zum Briefwechsel mit Schiller, S. 10: „An einzelnen, aus den Alten entnommenen Zügen, in die aber oft eine höhere Bedeutung gelegt ist, sind auch frühere Gedichte reich. Ich erwähne nur die Schilderung des Todes aus den Künstlern, den sanften Bogen der Notwendigkeit, der so schön an die ἀγανὰ βέλεα (die sanften Geschosse) bei Homer [Od. 3, 280. Jl. 24, 759] erinnert, wo aber die Übertragung des Beiworts vom Geschoß auf den Bogen selbst dem Gedanken einen zarteren und tieferen Sinn giebt." — S. oben zu V. 112.

Str. 22.

316. Vertraute Lieblinge der sel'gen Harmonie. Die vier Weltalter Str. 2 u. 3:

Ihm (dem Sänger) gaben die Götter das reine Gemüt,
  Wo die Welt sich, die ewige, spiegelt,
Er hat alles gesehn, was auf Erden geschieht,
  Und was uns die Zukunft versiegelt,
Er saß in der Götter uraltestem Rat
Und behorchte der Dinge geheimste Saat.
Er breitet es lustig und glänzend aus,
  Das zusammengefaltete Leben.
Zum Tempel schmückt er das irdische Haus,
  Ihm hat es die Muse gegeben u. s. w.

Goethes Schilderung des Dichters im Tasso I 1 V. 159 ff.:

Sein Ohr vernimmt den Einklang der Natur;
Was die Geschichte reicht, das Leben giebt,
Sein Busen nimmt es gleich und willig auf;
Das weit Zerstreute sammelt sein Gemüt, (V. 225 f.)
Und sein Gefühl belebt das Unbelebte.

Vervollständigt wird das Bild des Dichters (Künstlers), im Tasso I 3 V. 395—458. 501 f. und 523—559. I 4 V. 714—746. II 1 V. 971—1004. 1094—1107.

Nicht minder herrlich ist das in Wilhelm Meisters Lehrjahren im 2. Kapitel des 2. Buchs gezeichnete („so ist der Dichter zugleich Lehrer, Wahrsager, Freund der Götter und Menschen"), ein Seitenstück zu unserm Gedicht, wie zu Ideal und Leben der 1. Monolog Fausts im II. Teil, Goethes Ideal und Leben! Siehe auch das Bild des großen Dichters in Shakespeare und kein Ende. Goethe Bd. 28 S. 729 ff.

320. Der entjochte Mensch, im Gegensatz zu V. 83: der Pflichten knechtisches Geleit.

323. Goethe, Künstlers Apotheose, VIII 198, Muse:
Sieh, was dein Werk für einen Eindruck macht,
Das du in deinen reinsten Stunden
Aus deinem innern Selbst empfunden,
Mit Maß und Weisheit durchgedacht,
Mit stillem treuem Fleiß vollbracht!

— — — — — — — —

So wirkt mit Macht der edle Mann
Jahrhunderte auf seines Gleichen:
Denn was ein guter Mensch erreichen kann,
Ist nicht im engen Raum des Lebens zu erreichen.
Drum lebt er auch nach seinem Tode fort,
Und ist so wirksam als er lebte;
Die gute That, das schöne Wort,
Es strebt unsterblich, wie er sterblich strebte.
So lebst auch du durch ungemeß'ne Zeit;
Genieße der Unsterblichkeit!

324. 28. Vergl. Carlyle an Goethe 20. August 1827 S. 20 des Briefwechsels, Berlin, Herz, 1887: „Kein Wunder, wenn ich die weisen und edlen Männer liebe, durch deren Lehren eine so gesegnete Wirkung erreicht worden ist. Für diese Männer kann es keinen Lohn geben, der dem Bewußtsein gleich käme, daß in fernen Ländern und Zeiten die Herzen ihrer Mitmenschen mit Dankbarkeit und Verehrung sich nach ihnen sehnen, und die in Finsternis Wandelnden sich ihnen zuwenden werden wie Leitsternen, die zur sicheren Heimat führen."

328. Goedeke: „Der Reim auf umfangen fehlt; wahrscheinlich hat Schiller auch hier mehrere Verse getilgt" V. 111 ist aber auch ohne Reim geblieben. Siehe dort.

Sonst vergleiche noch zu diesem Verse und der ganzen Strophe Goethes Elegie Hermann und Dorothea V. 40 f.:
Hab' ich euch Thränen ins Auge gelockt, und Lust in die Seele
Singend geflößt, so kommt, drücket mich herzlich ans Herz!

Str. 23.

330. Die Götter Griechenlands (ursprüngliche Fassung 1788)
V. 109 ff.:   Schöne lichte Bilder
Scherzten auch um die Notwendigkeit,
Und das ernste Schicksal blickte milder
Durch den Schleier sanfter Menschlichkeit.

335. Punschlied im Norden zu singen. Str. 8 f.:
Auch die Kunst ist Himmelsgabe,
Borgt sie gleich von irb'scher Glut.
Ihrem Wirken freigegeben
Ist der Kräfte großes Reich,
Neues bildend aus dem Alten
Stellt sie sich dem Schöpfer gleich.

XIV 376: „Auch ich weiß für die Thätigkeit des vollkommensten Wesens kein erhabeneres Bild als die Kunst." Und die Götter Griechenlands Str. 14: „Fühllos selbst für ihres Künstlers Ehre."

Str. 24.

359 ff. 9. Brief über ästhet. Erz. XV 368: „Die Menschheit hat ihre Würde verloren, aber die Kunst hat sie gerettet und aufbewahrt in bedeutenden Steinen; die Wahrheit lebt in der Täuschung fort, und aus dem Nachbilde wird das Urbild wieder hergestellt werden. Sowie die edle Kunst die edle Natur überlebte, so schreitet sie derselben auch in der Begeisterung, bildend und erweckend, voran."

Str. 25.

370. Joniens. Körner II, 10: „Jonien ist man viersilbig zu lesen gewohnt." Trotzdem ließ es Schiller dreisilbig.

371. Die schönere Natur. Die Blüten Joniens, die in Hesperien verjüngt aufsproßten, sind darunter zu verstehen, alles, was man von den geretteten griechischen Schätzen im Abendlande kennen lernte und was dort neu wirkte, neue Schöpfungen hervorbrachte, das Leben schmückte, seinen erleuchtenden und veredelnden Einfluß auf dasselbe ausübte.

375 ff. Vergleiche aus der Schilderung des ästhetischen Staates Brief 27 über die ästhet. Erziehung XV 444: „Beflügelt durch ihn (den Geschmack) entschwingt sich auch die kriechende Lohnkunst dem Staube, und die Fesseln der Leibeigenschaft fallen, von seinem Stabe berührt, von dem Leblosen wie von dem Lebendigen

ab. In dem ästhetischen Staate ist alles — auch das dienende Werkzeug ein freier Bürger, der mit den edelsten **gleiche Rechte** hat."

Str. 26.

390. XV 346: „Der Nutzen ist das große Idol der Zeit, dem alle Kräfte frohnen und alle Talente huldigen sollen. Auf dieser groben Wage hat das geistige Verdienst der Kunst kein Gewicht, und, aller Aufmunterung beraubt, verschwindet sie von dem lärmenden Markt des Jahrhunderts. Selbst der philosophische Untersuchungsgeist entreißt der Einbildungskraft eine Provinz nach der andern, und die Grenzen der Kunst verengen sich, je mehr die Wissenschaft ihre Schranken erweitert."

391. der Vollenbung Krone. „Krone als Kranz in bildlichem Gebrauch: Das Höchste, Vollendetste seiner Art" (Hildebrand), Aureole, Strahlenkranz der römischen Kaiser, ursprünglich ein Götterkranz, Heiligenschein. Siehe Goethes Bemerkung zu Faust II, 3 nach V. 1415 (9900) ff. Aureole ist ein im Französischen gebräuchliches Wort, welches den Heiligenschein um die Häupter göttlicher oder vergötterter Personen andeutet. Dieser kommt ringförmig auf alten Pompejanischen Gemälden um die göttlichen Häupter vor" u. s. w. Bei Loeper und in der Sophienausgabe XV, 2 S. 126.

394. Wie es Str. 10 geschildert war.

Str. 27.

Siehe über die Entstehung des Gedichtes S. 24.

398. Die 2. Auflage hat hier die echte Schillersche Interpunktion, nach welcher die schöpferische Kunst nicht erklärender Zusatz ist, sondern wie öfters bei Schiller (Ideal und Leben Str. 7 (10), Kraniche des Ibykus Str. 2) geht auch hier der Relativsatz voran. Ebenso ist Str 2 V. 17 des wilden Zufalls Beute nicht Apposition zu Waisen, wozu es durch die gewöhnliche Interpunktion wird, sondern finden hat den doppelten Akkusativ bei sich. S. auch V. 458.

400 ff. 27. Brief über ästhet. Erz. XV 443: „Aus den Mysterien der Wissenschaft führt der Geschmack die Erkenntnis unter den offenen Himmel des Gemeinsinns heraus, und verwandelt das Eigentum der Schulen in ein Gemeingut der ganzen menschlichen Gesellschaft. In seinem Gebiete muß auch der mächtigste Genius sich seiner Hoheit begeben, und zu dem Kindersinn vertraulich herniedersteigen." Über Bürger (Volksdichter) XIV 522: „Was Erfahrung und Vernunft an Schätzen für die Menschheit aufhäuften [V. 402] müßte

Leben und Fruchtbarkeit gewinnen und in Anmut sich kleiden in ihrer (der Dichter) schöpferischer Hand." 525: „Nur dem großen Talent ist es gegeben, mit den Resultaten des Tiefsinnes zu spielen, den Gedanken von der Form loszumachen, an die er ursprünglich geheftet, aus der er vielleicht entstanden war, ihn in eine fremde Ideenreihe zu verpflanzen, so viel Kunst in so wenigem Aufwand, in so einfacher Hülle so viel Reichtum zu verbergen" [V. 409]. I 187 (195):

Der gelehrte Arbeiter.

Nimmer labt ihn des Baumes Frucht, den er mühsam erziehet,
Nur der Geschmack genießt, was die Gelehrsamkeit pflanzt.

Zehnter Brief über Don Carlos: „Vielen dürfte dieser Gegenstand (den moralischen Zweck der Menschheit in und durch einen Fürsten wirksam zu machen) für die dramatische Behandlung zu abstrakt und zu ernsthaft scheinen, und wenn sie sich auf nichts als das Gemälde einer Leidenschaft gefaßt gemacht haben, so hätte ich freilich ihre Erwartung getäuscht; aber es schien mir eines Versuches nicht ganz unwert, Wahrheiten, die jeden, der es gut mit seiner Gattung meint, die heiligsten sein müssen, und die bis jetzt nur das Eigentum der Wissenschaften waren, in das Gebiet der schönen Künste herüberzuziehen, mit Licht und Wärme zu beseelen, und, als lebendig wirkende Motive, in das Menschenherz gepflanzt, in einem kraftvollen Kampfe mit der Leidenschaft zu zeigen."

409—416. Je — je, älter als je — desto und heute noch in einigen Wendungen wie je länger, je lieber; je mehr, je besser, allein üblich. Je — je schon im Mhd, Walther klagt z. B. 91, 3, daß ie mêre zühte er habe, ie minre werdekeit bejage; je — desto ist im DWb. erst aus Gellert und Lessing belegt, wenn auch desto allein, deste, mittelhochdeutsch ist.

409. vergnüget, Genüge thut. Die Piccolomini II 7 V. 1080: „Die Rachgier an einem alten Feinde zu vergnügen." Wallensteins Tod IV 7 V. 2814 (von Jmelmann nachgewiesen), Gordon: „Ich bin vergnügt, verlange höher nicht hinauf." Der Graf von Habsburg Str. 9: „Vergnüget noch weiter des Jagens Begier". Braut von Messina III 3 a. E.: „Des Herzens heißen Drang mußt ich vergnügen." Aus Haller, Ursprung des Übels II, führt Jmelmann an: „Wenn hier ein niedrer Sinn, mit Schweiß und Brot vergnügt, Des Großen Unterhalt im heißen Werk erpflügt." Vergl. auch Lessing, Nathan I 2: „mit sich vergnügsam."

409—421. Goethe, Shakespeare und kein Ende, Bd. 28 S. 729 f.:

„Nennen wir Shakespeare einen der größten Dichter, so gestehen wir zugleich, daß nicht leicht jemand, der sein inneres Anschauen aussprach, den Leser in höherem Grade mit in das Bewußtsein der Welt versetzt. Sie wird für uns völlig durchsichtig.... Wir erfahren die Wahrheit des Lebens und wissen nicht wie. Shakespeare gesellt sich zum Weltgeist; er durchbringt die Welt wie jener; beiden ist nichts verborgen. Aber wenn des Weltgeists Geschäft ist, Geheimnisse vor, ja oft nach der That zu bewahren, so ist es der Sinn des Dichters, das Geheimnis zu verschwätzen und uns vor oder doch gewiß in der That zu Vertrauten zu machen."

Ranke, englische Geschichte II 98 der 3. Aufl. in den gesamten Werken: „Shakespeare ist eine geistige Naturkraft, die den Schleier wegnimmt, durch welchen das Innere der Handlung und ihre Motive dem gewöhnlichen Auge verborgen werden. Seine Werke bieten eine Erweiterung des menschlichen Gesichtskreises über das geheimnisvolle Wesen der Dinge und der menschlichen Seele dar, durch die sie selbst zu einer großen historischen Erscheinung werden."

Zu V. 409 ff. lies auch die beiden Briefe Schillers und Goethes vom 27. März und 6. April 1801 über das Wesen des Dichters. Aus ersterem gehört besonders hierher: „Der Grad seiner (des Dichters) Vollkommenheit beruht auf dem Reichtum, dem Gehalt, den er in sich hat und folglich außer sich darstellt, und auf dem Grad von Notwendigkeit, die sein Werk ausübt.... Der vollkommene Dichter spricht das Ganze der Menschheit aus". Vergl. XV 493.

411 f. in eurem Zauberbund, in eurem schwelgenden Genuß muß es nach Dünzer „statt einem (im ersten Drucke gesperrt) ohne Zweifel heißen". Schon dieser gesperrte Druck des wiederholten Wortes lehrt aber, daß die Einheitlichkeit und Ordnung hervorgehoben werden soll, welche die Künstler auch dem Größten und Mannigfaltigsten zu verleihen verstehen, in welche sie alles zusammenzuzaubern wissen, das Entfernteste und Nächste, durch welche sie auch das Erhabenste, Schwierigste und Verworrenste leicht und schnell verständlich machen und uns dadurch den höchsten Genuß gewähren. An den Zaubermantel des Schönen, der uns am Aether rasch hinträgt (Faust II, 3 B, 1465 f.) ist hier nicht zu denken.

417. verstümmelt. Darauf liegt der Ton: ohne den durch die Kunst geübten und geschärften Blick für Ordnung und Harmonie sieht der Mensch die Welt nur zerteilt und unzusammenhängend, erkennt nur stückweise, erfaßt sie nicht als wohlgeordnetes Ganzes.

421. Der Strom, mit dem jeder fließt, ist der Strom der Zeit, der Strom der Menschheit überhaupt, von welcher jeder ein Teil, wenn auch ein noch so kleiner ist. Dies Bild verändert Schiller, um das Weitausgedehnt=Zusammenhängende anschaulicher zu machen, und sagt für Strom **Meer**; weil aber die gesamte Entwickelung der Menschheit in beständiger Fortbewegung ist, läßt er das Meer **strömen**.

426. rein're Formen. Wie im Ideal und Leben Str. 13 (16) V. 152 f.: „in den heitern Regionen, wo die reinen Formen wohnen." „Idealisiert, d. i. in reine Form verwandelt" XV 721.

432. Wie V. 65 angekündigt war.

Str. 28.

437f. so — je, für um so, wie in der Übersetzung des Macbeth II 11:
Wo wir sind,
seh' ich aus jedem Lächeln Dolche drohn,
je näher am Blut, so näher dem Verderben.

Und wie vorher in Str. 27 je — je, so auch: so — so z. B. Vorrede zu den Räubern: „so fruchtbarer meine Weltkenntnis, so ärmer wird mein Karikaturenverzeichnis".

439 ff. R. Boxberger zu XV 283: „Schiller spielt auf den Schluß des Romans von Fenelon, Les Aventures de Télémaque, fils d'Ulysse, an", wie in der Abhandlung über das Erhabene XV 283 auf eine Stelle des 7. Buches desselben.

Str. 29—31.

Über den Chor in der Tragödie Abs. 2: „Zu allen Zeiten, wo die Kunst verfiel, ist sie durch die Künstler gefallen" (V. 445), nicht durch das Publikum.

Brief 9 über ästhetische Erziehung XV 369f.: „Wie verwahrt sich aber der Künstler vor den Verderbnissen seiner Zeit, die ihn von allen Seiten umfangen? Wenn er ihr Urteil verachtet. Er blicke **aufwärts nach seiner Würde und dem Gesetz**, nicht niederwärts nach dem Glück und nach dem Bedürfnis. Gleich frei von der eiteln Geschäftigkeit, die in den flüchtigen Augenblick gern ihre Spur drücken möchte, und von dem ungeduldigen Schwärmergeist, der auf die dürftige Geburt der Zeit den Maßstab des Unbedingten anwendet, überlasse er dem Verstande, der hier einheimisch ist, die Sphäre des

Wirklichen; er aber strebe, aus dem Bunde des Möglichen mit dem
Notwendigen das Ideal zu erzeugen. Dieses präge er aus in
Täuschung und Wahrheit, präge es in die Spiele seiner Einbildungs=
kraft, und in den Ernst seiner Thaten, präge es aus in allen sittlichen
und geistigen Formen und werfe es schweigend in die unendliche
Zeit . . . Gieb, werde ich dem . . **Freund der Wahrheit und
Schönheit** zur Antwort geben, ... gieb der Welt, auf die du wirkst, die
Richtung zum Guten, so wird der ruhige Rhythmus der Zeit die Ent=
wicklung bringen. Diese Richtung hast du ihr gegeben, wenn du, lehrend,
ihre Gedanken zum Notwendigen und Ewigen erhebst, wenn du,
handelnd oder bildend, das Notwendige und Ewige in einen
Gegenstand ihrer Triebe verwandelst . . . . In der schamhaften
Stille deines Gemüts erziehe die siegende Wahrheit, stelle sie aus dir
heraus in der Schönheit, daß nicht bloß der Gedanke ihr
huldige, sondern auch der Sinn ihre Erscheinung liebend
ergreife. Und damit es dir nicht begegne, von der Wirklichkeit das
Muster zu empfangen, das du ihr geben sollst, so wage dich nicht
eher in ihre bedenkliche Gesellschaft, bis du eines idealischen Gefolges
in deinem Herzen versichert bist. Lebe mit deinem Jahrhundert, aber
sei nicht sein Geschöpf [V. 466—69]; leiste deinen Zeitgenossen, aber
was sie bedürfen, nicht was sie loben . . . . Denke sie dir, wie sie
sein sollten, wenn du auf sie zu wirken hast, aber denke sie dir, wie
sie sind, wenn du für sie zu handeln versucht wirst. Ihren Beifall
suche durch ihre Würde, aber auf ihren Unwert berechne ihr Glück,
so wird dein eigener Adel dort den ihrigen aufwecken, und
ihre Unwürdigkeit hier deinen Zweck nicht vernichten. Der Ernst
deiner Grundsätze wird sie von dir scheuchen, aber im Spiele er=
tragen sie sie noch [Str. 30]; ihr Geschmack ist keuscher als
ihr Herz, und hier mußt du den scheuen Flüchtling ergreifen. Ihre
Maximen wirst du umsonst bestürmen, ihre Thaten umsonst ver=
dammen, aber an ihrem Müßiggange kannst du deine bildende Hand
versuchen. Verjage die Willkür, die Frivolität, die Rohigkeit aus
ihren Vergnügungen, so wirst du sie unvermerkt [V. 437f.] auch aus
ihren Handlungen, endlich aus ihren Gesinnungen verbannen. Wo du sie
findest, umgieb sie mit edeln, mit großen, mit geistreichen Formen,
schließe sie ringsum mit den Symbolen des Vortrefflichen ein, bis
der Schein die Wirklichkeit und die Kunst die Natur überwindet." Über
Bürger XIV 522f.: „Seine Individualität so sehr als möglich zu
veredeln, zur reinsten, herrlichsten Menschheit hinaufzuläutern, ist sein
(des Dichters) erstes und wichtigstes Geschäft, ehe er es unternehmen

darf, die Vortrefflichen zu rühren ... Nur der reife, der vollkommene Geist ist es, von dem das Reife, das Vollkommene ausfließt" (dazu auch V. 464f.). Über Matthisson XIV 563f.: „Ein mit der höchsten Schönheit vertrautes Herz gehört dazu, jene Einfalt der Empfindungen mitten unter allen Einflüssen der raffiniertesten Kultur zu bewahren, ohne welche sie durchaus keine Würde hat. Dieses Herz aber verrät sich durch eine Fülle, die es auch in der anspruchlosesten Form verbirgt, durch einen Adel, den es auch in die Spiele der Imagination und der Laune legt, durch eine Disciplin, wodurch es sich auch in seinem rühmlichsten Siege zügelt, durch eine nie entweihte Keuschheit der Gefühle; es verrät sich durch die unwiderstehliche und wahrhaft magische Gewalt, womit es uns an sich zieht, uns festhält, und gleichsam nötigt, uns unsrer eignen Würde zu erinnern, indem wir der seinigen huldigen .... In seinen (Matthissons) Produkten bemerkt man ... ein nie ermüdendes Bestreben nach einem Maximum von Schönheit" [V. 460].

458ff. Über den Grund des Vergnügens an tragischen Gegenständen XV 134f.: Ein freies Vergnügen, so wie die Kunst es hervorbringt, beruht durchaus auf moralischen Bedingungen, die ganze sittliche Natur des Menschen muß dabei thätig sein ... Die Hervorbringung dieses Vergnügens ist ein Zweck, der schlechterdings nur durch moralische Mittel erreicht werden kann ... Die Kunst muß also, um das Vergnügen als ihren wahren Zweck vollkommen zu erreichen durch die Moralität ihren Weg nehmen.... „Für die Würdigung der Kunst ist es aber vollkommen einerlei, ob ihr Zweck ein moralischer sei, oder ob sie ihren Zweck nur durch moralische Mittel erreichen könne, denn in beiden Fällen hat sie es mit der Sittlichkeit zu thun und muß mit dem Sittengesetz im engsten Einverständnis handeln; aber für die Vollkommenheit der Kunst ist es nichts weniger als einerlei, welches von beiden ihr Zweck und welches das Mittel ist. Ist der Zweck selbst moralisch, so verliert sie das, wodurch sie allein mächtig ist, ihre Freiheit, und das, wodurch sie so allgemein wirksam ist, den Reiz des Vergnügens. Das Spiel verwandelt sich in ein ernsthaftes Geschäft, und doch ist es gerade das Spiel, wodurch sie das Geschäft am besten vollführen kann. Nur indem sie ihre höchste ästhetische Wirkung erfüllt, wird sie einen wohlthätigen Einfluß auf die Sittlichkeit haben; aber nur indem sie ihre völlige Freiheit ausübt, kann sie ihre höchste ästhetische Wirkung erfüllen." 2. Brief über ästhetische Erziehung XV 346: „Die Kunst ist eine Tochter der Freiheit."

An Körner 25. Dezember 1788, I 397: „Ich bin überzeugt, daß jedes Kunstwerk nur sich selbst, b. h. seiner eigenen Schönheitsregel Rechenschaft geben darf und keiner anderen Forderung unterworfen ist. Hingegen glaube ich auch festiglich, daß es gerade auf diesem Wege auch alle übrigen Forderungen mittelbar befriedigen muß [gleich dem oben aus XV 134 Citierten], weil sich jede Schönheit in allgemeine Wahrheit auflösen läßt. Der Dichter, der sich nur Schönheit zum Zwecke setzt, aber dieser heilig folgt, wird am Ende alle anderen Rücksichten, die er zu vernachlässigen schien, ohne daß ers will oder weiß, gleichsam zur Zugabe mit erreicht haben [B. 437 f.]; da im Gegenteil der, der zwischen Schönheit und Moralität, oder was es sonst sei, unstät flattert oder um beide buhlt [B. 461], leicht es mit jeder verdirbt. Hier entsinne ich mich einer Stelle aus einem ungedruckten Gedicht, die hierher paßt:

„Der Freiheit freie Söhne (die Künstler)
Erhebet euch zur höchsten Schöne"

und so weiter bis 464, unter besonderer Hervorhebung des schön vor empfunden.

Brief 22 über ästhetische Erziehung XV 414: „Nichts streitet mehr mit dem Begriff der Schönheit, als dem Gemüt eine bestimmte Tendenz zu geben."

Goethe an Zelter 29. 3. 1827: „Die Vollendung des Kunstwerks in sich selbst ist die ewige unerläßliche Forderung!" Und 29. 1. 1830: „Wir kämpfen für die Vollkommenheit eines Kunstwerks, in und an sich selbst; jene denken an dessen Wirkung nach außen, um welche sich der wahre Künstler gar nicht bekümmert, so wenig als die Natur, wenn sie einen Löwen oder einen Kolibri hervorbringt.... Es ist ein grenzenloses Verdienst unseres alten Kant um die Welt, und ich darf auch sagen um mich, daß er, in seiner Kritik der Urteilskraft, Kunst und Natur nebeneinander stellt und beiden das Recht zugesteht: aus großen Prinzipien zwecklos zu handeln.... Natur und Kunst sind zu groß, um auf Zwecke auszugehen."

Aus den unerschöpflich tiefen Bemerkungen Goethes über das Wesen der Poesie in den Noten zum west-östlichen Divan IV 282 bis 293 gehört hierher: „Der Dichter steht viel zu hoch, als daß er Partei machen sollte. Heiterkeit und Bewußtsein sind die schönen Gaben, für die er dem Schöpfer dankt: Bewußtsein, daß er vor dem Furchtbaren nicht erschrecke, Heiterkeit, daß er alles erfreulich darzustellen wisse." S. 290f.: "Poesie ist, rein und echt betrachtet, weder Rede noch Kunst; keine Rede, weil sie zu ihrer Vollendung Takt, Gesang, Körperbewegung und Mimik bedarf; sie ist keine Kunst, weil alles auf dem Naturell beruht, welches zwar geregelt, aber nicht künstlerisch geängstiget werden darf; auch bleibt sie immer wahrhafter Ausdruck eines aufgeregten, erhöhten Geistes, **ohne Ziel und Zweck.**" Vergl. auch Goethe XXII 88. Cornelius an Flemming (bei Förster I 27): "Frei und fesselos muß der Künstler in der Kunst nie endende Regionen dem niedrig Irdischen kraftvoll enteilen."

Mörike, An eine Lampe, I 113: "Was aber schön ist, selig scheint es in ihm selbst". Geibel III 70 und V 82:

"Zweck? Das Kunstwerk hat nur einen,
Still im eignen Glanz zu ruhn;
Aber durch ihr bloß Erscheinen
Mag die Schönheit Wunder thun." —

"Was ich vom Kunstwerk will? Daß es schön und sich selber genug sei. In dem einen Gesetz wohnen die übrigen all'."

466ff. 9. Brief über ästhetische Erziehung XV 367: "Der Künstler ist zwar der Sohn seiner Zeit; aber schlimm für ihn, wenn er zugleich ihr Zögling oder gar noch ihr Günstling ist."

Über Bürger XIV 522: "Die Sitten, den Charakter, die ganze Weisheit ihrer Zeit müßte sie (die Dichtkunst), geläutert und veredelt, in ihrem Spiegel sammeln [V. 468] und mit idealisierender Kunst aus dem Jahrhundert selbst ein Muster für das Jahrhundert erschaffen. Dies aber setzte voraus, daß sie nur in reife und gebildete Hände fiele."

Schiller über seine eigene "Verfahrungsart" an Fichte, Briefkonzept vom 3. und 4. August 1795: "Unabhängig von dem, was um mich herum gemeint und geliebkost wird, folge ich bloß dem Zwange entweder meiner Natur oder meiner Vernunft, und da ich nie Versuchung gefühlt habe, eine Schule zu gründen, oder Jünger um mich her zu sammeln, so hat diese Verfahrungsart (die einzige, welche ich, im Vorbeigehen gesagt, einem Philosophen anständig finde) keine Überwindung gekostet. Bei dieser Stimmung meines Gemüts muß es mir freilich sonderbar genug vorkommen, wenn mir von dem Eindrucke, den meine Schriften auf die Majorität des Publikums machen und nicht machen, gesprochen wird. Hätten Sie die letzteren mit der Aufmerksamkeit gelesen, welche von dem parteilosen Wahrheitsforscher zu erwarten war, so würden Sie ohne meine Erinnerung wissen, daß eine direkte Opposition gegen den Zeitcharakter den Geist derselben ausmacht, und daß jede andere Aufnahme, als die, welche sie erfahren, einen sehr bedenklichen Beweis gegen die Wahrheit ihres Inhalts abgeben würde. Beinahe jede Zeile, die seit den letzten Jahren aus meiner Feder geflossen ist, trägt dieses Gepräge, und wenn es gleich aus äußeren Gründen, die ich noch mit mehr Schriftstellern gemein habe, mir nicht gleichgültig sein kann, ob mich ein großes oder kleines Publikum kauft, so habe ich mich wenigstens auf dem einzigen Wege darum beworben, der meiner Individualität und meinem Charakter entspricht — nicht dadurch, daß ich mir durch Anschmiegung an den Geist der Zeit das Publikum zu gewinnen, sondern dadurch, daß ich es durch die lebhafte und kühne Aufstellung meiner Vorstellungsart zu überraschen, anzuspannen und zu erschüttern suchte. Daß ein Schriftsteller, der diesen Weg geht, nicht der Liebling seines Publikums werden kann, liegt in der Natur der Sache ..., aber er erhält dafür die Genugthuung, daß er von der Armseligkeit gehaßt, von der Eitelkeit beneidet, von Gemütern, die eines Schwunges fähig sind, mit Begeisterung ergriffen, und von knechtischen Seelen mit Furcht und Zittern angebetet wird."

Goethe, Zahme Xenien, II 344:
Wer in der Weltgeschichte lebt,
Dem Augenblick sollt' er sich richten?
Wer in die Zeiten schaut und strebt,
Nur der ist wert zu sprechen und zu dichten.

471. Der reichen Mannigfaltigkeit. Goethe, Antik und Modern, XXVIII 329: „Der Parnaß ist ein Montserrat (vergl. über das Fragment: Die Geheimnisse 1816 I 134), der viele Ansiedelungen in mancherlei Etagen erlaubt; ein jeder gehe hin, versuche sich, und er wird eine Stätte finden, es sei auf Gipfeln oder in Winkeln!"

474 ff. Dies Gleichnis liebte Schiller. Theosophie des Julius XIV 361: „Wie sich im prismatischen Glase ein weißer Lichtstreif in sieben dunklere Strahlen spaltet, hat sich das göttliche Ich in zahllose empfindende Substanzen gebrochen. Wie sieben dunklere Strahlen in einen hellen Lichtstreif wieder zusammenschmelzen, würde aus der Vereinigung aller dieser Substanzen ein göttliches Wesen hervorgehen."

Goethe, Künstlerlied a. E.:
Welch ein Werkzeug ihr gebrauchet,
Stellet euch als Brüder dar!

Anhang.

Aus A. W. Schlegel: Über die Künstler, ein Gedicht von Schiller. 1790.
(In Bürgers Akademie 1791 erschienen. Werke VII 3—23.)

... Der Ursprung und das Wachstum der schönen Künste; die feinern Vergnügungen, durch die sie den Menschen seiner ersten Wildheit entrissen; der Unterricht, den sie der kindischen Urwelt in bildlichen Darstellungen geben; ihr mildernder und verschönender Einfluß auf das ganze Leben; endlich ihre Wiederauflebung in neueren Zeiten, und die Aussicht auf eine höhere Vollendung des Menschengeschlechts durch die letzte Vervollkommnung derselben: dies ist der Stoff, den der Dichter — nicht etwa in einer Hymne des Lobes nur im Fluge berührt — nicht etwa mit didaktischer Umständlichkeit erschöpft — sondern in eine lehrende, aber mit und durch Begeisterung lehrende Rhapsodie zusammengefaßt hat ... Ich möchte die Künstler nicht gern schlechthin ein didaktisches Gedicht nennen, weil es sich von den gewöhnlichen Werken dieser Art in etwas, wo ich nicht irre zu seinem Vorteile, unterscheidet. Man erlaube mir, um dies ins Licht zu setzen, einige allgemeine Betrachtungen.

Der Grund, weswegen Lehrgedichte .. so wenig gelesen werden, weswegen selbst die meisten Kunstrichter ihnen nur einen niedrigen Rang unter den Dichtungsarten einräumen, ist bekanntlich der, daß der Stoff derselben der Prosa angehört und einzig durch den Vortrag poetische Gestalt gewinnen kann. Wenige Leser sind aber für die Schönheit des Vortrages empfänglich genug, um dadurch den Abgang an Bestimmtheit und Vollständigkeit des Unterrichts hinlänglich vergütet zu glauben ...

Wahrheit, wenn sie sehr wohlthätig ist, oder uns den Adel unserer Natur kennen lehrt, erzeuget Begeisterung; aber die Alten glaubten, Begeisterung finde auch Wahrheit. Wie, wenn der Dichter nun seine Lehre nicht mit jener zweiten nur abgeleiteten Begeisterung mitteilte, sondern mit dieser ursprünglichen, die der Erkenntnis voraneilt? — Ich will mich deutlicher zu machen suchen.

Nicht alles ist Chimäre, wovon sich nicht in deutlichen Begriffen Rechenschaft ablegen läßt: verworrene Gefühle und Ahndungen sind für uns wahr und wirklich. Und wer ist wohl, der ihre Allmacht nicht aus eigener Erfahrung kennt? Wenn nun dieses innere Regen und Streben uns Verhältnisse zwischen den Dingen entdeckt, ohne daß wir die Reihe der Mittelideen mehr als dunkel wahrnehmen, so ahnden wir die Wahrheit, so lange bis hellere Erkenntnis die Ahndung widerlegt oder sie in Überzeugung verwandelt. Vieles aber kann nie von uns zu ganz deutlicher Erkenntnis gebracht werden; wir müssen uns begnügen, es als Gefühl zu besitzen. Die gewöhnliche Menschensprache versagt uns sogar die Mittel, es mitzuteilen, und so bleibt es in unserm Busen gefangen.

Wenn nun ein Dichter solchem Wahrheitsgefühl Stimme giebt, wenn er sich der schwebenden Erscheinungen geistiger Anschauung bemächtigt und ihnen durch Bilder und Töne bestimmteren, festeren Umriß und Selbständigkeit verleihet: sollte er nicht stärker auf uns wirken, tiefer in unser Inneres greifen, als wenn er bloß aus dem allgemeinem Schatze des menschlichen Wissens Wahrheiten aushebt und diese in poetische Sprache kleidet, die er wiederum aus dem allgemeinen Schatze der Dichtkunst genommen hat? . . .

Wie unerschöpflich reich, wie neu könnte die lehrende Poesie immer noch sein, nähme sie mehr diese Richtung! Man hat vortreffliche Gedichte über die Dichtkunst, in denen mit Scharfsinn, mit Eleganz, mit Witz das beste darüber gesagt ist, was sich in Prosa auch sagen läßt. Allein wie weit höher könnte ein Dichter sich schwingen, der sein eignes Genie gleichsam in der Werkstätte seiner Schöpfungen belauschte; nicht bloß über Begeisterung philosophierte, sondern seine Leser sie ahnden ließe; der vom

Schönen und Erhabenen, wie es in seinem Gefühle lebt, anschauliche Ideen gäbe. Man hat gute Gedichte über die bildenden Künste. Aber man lese gegen Watelet und andere Winckelmann über den vatikanischen Apoll oder Lavater in einigen Stellen der Physiognomik: wie weit poetischer! Das heißt nicht: weniger wahr und gründlich, sondern fähiger in das Innere teilnehmender Seelen zu dringen, weil der, welcher schrieb, bei vieler Regsamkeit der Seele den Ausdruck so tief als möglich aus seinem Innern zu schöpfen suchte. Welch ein Stoff zu einem Gedichte wäre z. B. das Idealschöne in der Kunst! Selbst der strenge prüfende Mengs wird darüber beinahe zum Poeten.

Nun wieder zu den Künstlern. Schiller hat seinen Gegenstand nicht so geschildert, wie er ihn etwa aus historischen Faktis und philosophischen Räsonnements kennen konnte, sondern er hat ihn nach seiner Weise idealisiert; er hat das Bild dargestellt, das ein Geist wie der seinige nach dem Genusse, den ihn die schönen Künste gaben, nach dem Einflusse, den sie auf sein Leben hatten, von dem Ursprunge und Fortgange derselben und ihren Wirkungen auf das gesamte Menschengeschlecht sich machen mußte. Es wäre also ein völlig schiefer Gesichtspunkt, wenn man bei jeder Zeile des Gedichtes fragen wollte: ist das auch wirklich so geschehen? Läßt sich das auch durch trockne Argumente darthun? — Die einzelnen Züge sollen dem Ganzen dienen, und sie sind gut, wie sie zu seiner Einheit und Bestandheit gehören. Das Ganze aber ist nicht willkürlich erfunden; denn es ist das Resultat von den Objekten und der Eigentümlichkeit des erkennenden Geistes; und das sind ja alle unsere Vorstellungen.

Auf der andern Seite ist es dem Dichter damit nicht erlaubt, mystisch und dunkel zu werden, sondern seine Ideen müssen anschauliche Klarheit und anschaulichen Zusammenhang haben. Beides scheint mir Schillers Gedicht, einige Stellen ausgenommen, zu besitzen. Dies Verdienst ist um desto größer, da er nicht an der äußern Schale seines Gegenstandes kleben geblieben, sondern in das Innere gedrungen ist, und zwar tiefer als mancher sich brüstende Philosoph. Denn es bedarf wohl keines Beweises, daß anschauliche Darstellung um so schwerer sei, je geistiger das ist, was dem Dichter vorschwebt.

Es ist Geist, so rasch beflügelt —
Welche Macht kann ihn bezähmen!
Welche Macht durch Ton und Wort
Fesseln und gefangennehmen!
Leicht, wie Äther, schlüpft er fort. —

Indessen ist hier grade der Punkt, wo die Poesie eines so verfeinerten Zeitalters wie das unsrige durch eigentümliche Vorzüge glänzen kann. Je zarter und feiner die innere Organisation des Menschen durch beständige Ausbildung, je durchsichtiger und leichter die Atmosphäre der Sinnlichkeit wird, die ihn von der Geisterwelt scheidet; um so mehr verliert die Sprache an Energie in der Darstellung sinnlicher Gegenstände; doch in eben dem Grade erweitert sich der poetische Horizont auf der andern Seite: was sonst nur den betrachtenden Verstand beschäftigen konnte, nimmt nun eine sinnlichfühlbare, wenngleich ätherische Bildung an

Nun zu einzelnen Stellen. Der Dichter erhebt zuvörderst die Vorzüge des jetzigen Menschengeschlechts. Er ermahnt es, die Wohlthäterin nicht zu vergessen, die ihn zu dieser Höhe hinaufgeführt. Noch hat er sie nicht genannt, um die Erwartung desto stärker zu spannen und den größten Nachdruck auf den Schluß dieser ankündigenden Lobrede zu versparen, V. 30—33.

Str. 3 ... Wo ich nicht irre, soll es sagen, daß der Sinn für das Schöne im Menschen der Morgenröte gleicht und eine zukünftige Mittagshelle der Erkenntnis verheißt. Aber diese Anspielung ist zu entfernt und dunkel. Die letzten vier Verse schwingen sich mit bezaubernder Leichtigkeit dem Gange des heitern Gedankens nach.

Str. 4, V. 42—44 ... Die Zeichensprache der Natur, gleichsam ihre ewige Offenbarung an den himmlischen Menschen, ist das Schöne und Erhabene. Der Instinkt für dasselbe leitete ihn, und oft sicherer, auf die rechten Wege als die weit später entwickelte Vernunft. Dies wird in einigen Beispielen gezeigt, die weit übergehen.

Str. 5 ... Immer bleibt die Deutung klar, die Schönheit sei ein himmlisches Wesen, das sich eines ätherischen Glanzes freiwillig entkleide, um uns himmliche Dinge zu lehren ... Die reiche Periode, in welcher besonders die erste Zeile mit ihren vollen Vokalen so prächtig hereintönt, thut viele Wirkung. Die meisten Züge, „die Glorie von Orionen, der Sonnenthron, die Feuerkrone", drehen sich um die Idee eines allblendenden Glanzes. Die gehäufte Fülle dieser Züge wäre anderswo ein Fehler, hier ist sie analog mit dem geschilderten Gegenstande: durch sie wird das Bild selbst blendend. „Der Schönheit Gürtel umgewunden", ist eine für unsere Sprache zu harte Partizipial=Konstruktion.

Str. 6. Schöner, platonischer Mythus! Genuß der Schönheit ist das einzige Überbleibsel von dem bessern Zustande der abtrünnig gewordenen und daher gefallnen Menschheit. Es ist das einzige Pfand der nicht ganz verlorenen Huld des Schöpfers und soll uns wieder in die ursprüngliche Heimat hinaufleiten. Von allen Erdgeschöpfen hat nur der Mensch Sinn für Schönheit, und auch nur der Mensch eine höhere Bestimmung.

Str. 7. V. 78—81. Der Dichter scheint hierbei die Griechen und vorzüglich die Religion derselben vor Augen gehabt zu haben; diese Religion, die, indem sie mit dem Volke aufwuchs und es wieder groß ziehen half, sich allmählich zu einem Gottesdienste der Schönheit erhob. Sie befahl nicht, sie verfolgte nicht, lehrte und schmückte nur, sie führte die Menschen am leichten Gängelbande der Freude. Die folgenden Zeilen reden mehr im allgemeinen vom Einflusse des Schönheitsgefühls auf das Sittliche: V. 81—90.

Der Dichter scheint nur schlicht zu erzählen, und doch beweist er — aber freilich als Dichter: sein Beweis besteht in einem Gleichnis, in einem hingeworfenen Ausdruck. Indem er z. B. den Dienst der Schönheit mit anschaulicher Wahrheit einen „keuschen" Dienst nennt, ist dadurch das folgende „kein niederer Trieb versucht sie" schon dichterisch dargethan. Nur das daneben stehende „kein Geschick bleicht sie" scheint mir zu abgerissen. Freilich macht ein verfeinertes Gefühl den Menschen vom Geschick unabhängiger, durch die Hülfsquellen, die es in seinem Innern eröffnet. Es macht ihn eben dadurch auch unfähiger, sich durch leidenschaftliches Streben nach äußern Glücksgaben vom Wege der Sittlichkeit abführen zu lassen. Zusammenhang ist also wohl da, nur muß man ihn zu mühsam suchen. Hier folgt eine Anrede an die Künstler als die auserwählten Priester der Schönheit, die so schließt: Freut euch u. s. w. V. 99—102.

In der schnellen Wiederholung des Wortes „Stufe" (102) in verschiedener Verbindung, da die Künstler das erste Mal auf eine Stufe gestellt, das andre Mal die Stufe selbst sind, ist die nötige Einheit zu sehr verfehlt.

Str. 9. Der Dichter mußte nach seinem Zweck, den ganzen Wert der Künste zu zeigen, tierische, nackte, angestrebte Wildheit, nicht, nach der poetischen Vorstellungsart, ein Zeitalter seliger Unschuld für den ursprünglichen Zustand der Menschen an= nehmen. Jenes goldene Zeitalter seliger Unschuld mochte wohl hier und da gefunden werden, aber es war sicher nirgends der ursprüngliche Zustand. Er setzt Entwickelung mannigfaltiger Kräfte voraus, die sonst nur durch die Künste im Menschen geweckt werden, die aber unter glücklichen Klimaten, bei zarterer Organisation vor der Erfindung derselben sich regten. Denn da dichtete gleichsam die Natur selbst durch ihren heitern Anblick dem Menschen ein mildes geselliges Leben vor.

V. 112—120. „Die Schatten der Seele der Natur" werfen auf diese sonst schöne Stelle einen Schatten der Undeutlichkeit. Wenn ich den Gedanken des Dichters anders recht fasse, so würden „Strahlen" oder andere zarte Ausflüsse ihn besser be= zeichnet haben. Das Folgende ist um desto lichtvoller: V. 121—132.

Kann der schlichte Gedanke, der Mensch sei durch den Wieder= schein der Gegenstände, den eine glatte Fläche zurückwirft, auf die Erfindung geleitet, Körper auf einer Fläche abzubilden, kann er wohl in ein reizenderes Bild gekleidet werden? Die Natur ist hier eine mutwillige Nymphe, die sich halb freiwillig vom Künstler im Bade überraschen läßt. — Die beiden Zeilen 129—130 sind sehr sinnreich; vielleicht würden sie allzu sinnreich scheinen, wenn ihre gefällige Anmut sie nicht vor so strenger Prüfung schützte. Das einzige, was bei mir den Eindruck des Ganzen stört, sind die unechten Reime „kam, schwamm, geschieden, bieten".

Warum wohl der Dichter beim Ursprunge der Künste die Zeichnenden vorangehen läßt, da doch gewiß Poesie und Musik überall früher, man kann sagen, da sie mit dem Menschen= geschlechte zugleich entstanden, weil der Mensch nicht nur die

Anlage dazu, sondern auch das Organ ihrer Darstellungen in sich trug? Nach meinen oben geäußerten Ideen von poetischer Weisheit kann man ihm keinen Vorwurf darüber machen, wenn er nur den Übergang von der ersten Wildheit zu diesen Künsten anschaulich gezeigt hat. Und dies ist ihm in den Zeilen „Und wie sie fliehend jetzt vorüber fuhr" u. s. w. bis auf die darin befindliche Dunkelheit wirklich gelungen.

V. 133—138. Ich wünschte die dritte Zeile [135] weg. Sie gehört nicht in die Gedankenfolge: denn jener Wink der Natur, von dem eben die Rede war, kann durchaus die Erfindung der plastischen Künste, die allerdings wohl älter war als die der Malerei, nicht erklären helfen; sie enthält aber auch selbst eine Unrichtigkeit: im Sande und Thone wird kein „Schatten" nachgeschaffen. Ich brauche nicht zu erinnern, daß die übrigen, besonders der zweite Vers vortrefflich sind.

Noch ein paar andre Verse muß ich wegen einer ebensolchen Unterbrechung des Zusammenhanges zu tadeln wagen ...

In den beiden Schlußzeilen [V. 147—50.] wird man ganz unvermutet zur Musik und Poesie hinverschlagen, deren im vorhergehenden noch mit keiner Silbe Erwähnung geschehen ist. Man wünschte lieber gar nichts von ihrem Ursprunge zu hören als hier, wo sie einem so plötzlich in den Weg treten. Doch halte ich diesen Ursprung einer nähern psychologischen Entwickelung ebenso wert, als einer poetischen Behandlung fähig. Es ist schade, daß sich der Dichter diesen Stoff hat entgehen lassen. —

Mit dem Fortgange der Künste erweitert sich auch der Umfang ihrer Schöpfungen: was vorhin ein Ganzes ausmachte, schmiegt sich jetzt als Teil unter die Mannigfaltigkeit eines größern Ganzen. Dieser in den zunächst folgenden Versen entwickelte Gedanke wird durch Beispiele erläutert: V. 161—63 zerfließen, bis so weit sehr gut, obgleich der zweite Fall mit dem ersten nicht völlig übereinstimmt, indem das größere epische Gedicht doch immer einen Haupthelden hat. Allein der Schluß V. 164 ist abgerissen und befremdend. Man erwartet noch ein ähnliches Beispiel, etwa aus einer andern Kunst, und statt dessen kommt ein spezieller historischer Umstand, der sich bloß an das letzte Beispiel anhängt. Homer war der erste, der das Heldengedicht so vergrößerte. Überdies scheint mir das „stimmt voran" grammatisch nicht ganz richtig zu sein. Sollte „stimmen" intransitiv gebraucht werden können wie „tönen" u. ä. Wörter?

Nun geht der Dichter zu den Wirkungen über, die der erste geistige Genuß auf den ganzen innern und äußern Menschen hatte, und hier zeigt er sich in voller Größe: V. 179—186.

Besonders verraten die beiden letzten Verse [185 f.] den Meister, der mit kühnem und sicherm Gange die Grenze des Erlaubten betritt und uns Erstaunen darüber abnötigt, daß seine Idee in einer so auffallenden, so überraschenden Gestalt noch natürlich erscheint. Die Personifikation des Gedankens erhält zugleich einen noch höhern Reiz durch die Anspielung auf Minervens Geburt aus dem Haupte Jupiters. Mit dieser Anspielung erwachen in uns alle an diesen Mythus geknüpften Künstler- und Dichter-Ideen und teilen jenem Bilde ihre göttliche Würde mit.

V. 187—190. Die Versetzung der Worte „in erhabnen Fernen", die hinter dem Sonnenlicht stehen sollten, ist eine in unsrer Sprache schwerlich zu verstattende Licenz [infolge dessen ist geändert: nach]. Die folgende Schilderung ist ebenso wahr als reizend: V. 191—196.

Man kann diesen Einfluß des geistigen Genusses in die Physiognomie des Äußern, die hier auf die ganze Gattung ausgedehnt wird, oft sehr deutlich an einzelnen Individuen wahrnehmen; aber freilich trifft man weit häufiger die entgegengesetzten Züge, womit die Hand der Natur die böotischen Verächter des Schönen wie zur Strafe zeichnet. —

Str. 15. Die ersten sechs Zeilen sind durch unnötige Wiederholungen gedehnt. Der erste und zweite Vers sagen dasselbige, und dann kommt noch einmal „des Sinnes niedrer Trieb" und wiederum „der Keim der Geisterliebe" und „der Liebe beßrer Keim." Das, was folgt, ist dagegen bezaubernd durch Gedanken und Ausdruck. Es liegt tiefer Sinn darin, und doch, so täuschend ist die leichte Grazie des Vortrages, könnte man fast glauben, der Dichter spiele nur mit Bildern. Dieser sich verstedende Tiefsinn, der dem Leser allen Genuß des Denkens giebt, ohne ihn die Anstrengung dabei ahnden zu lassen, ist

überhaupt ein Charakter der Schillerschen Werke. — Bei dem
Ausdruck „Hirtenlied" darf man nicht an unsere Idylle denken;
hier werden darunter Lieder wirklicher Hirten verstanden. Im
Wohlstande des Nomadenlebens war es, wo zuerst ein zärteres
Band als das rohe Bedürfnis die beiden Geschlechter verknüpfte.
Liebe gab das erste Hirtenlied ein, und Poesie half wieder dieser
Leidenschaft auf den Weg der Vereblung, insofern sie durch ihre
Akkorde die einfachen Urtöne der Sympathie, wenn ich so sagen
darf, im Menschen hervorrief und sie in eine unendliche Mannig=
faltigkeit von Melodieen der Empfindung auflöste; insofern durch
sie schöne Seelen ihren Enthusiasmus, ihre zauberischen Liebes=
phantasieen auch minder empfänglichen Gemütern mitteilten. — ...

Str 17. Die pragmatische Dichtkunst ist hier aus dem
erhabensten Gesichtspunkte betrachtet: sie soll die Ratschlüsse des
Himmels auslegen; sie soll die Menschen lehren, daß ewige
Gesetze der Gleichheit und Vergeltung über ihren Schicksalen
walten. Das Rad der Begebenheiten rollt auf der Schaubühne
wie auf der Bühne der wirklichen Welt, nur unendlich schneller.
Der Dichter beut dem Zuschauer hier den Faden, um sich hindurch
zu finden, der ihm im Gewirre des Weltlaufs so leicht entschlüpft.
Man vergleiche mit den Zeilen 229—231 folgende Stelle aus
Duschens Wissenschaften, die einen ähnlichen Gedanken be=
handelt:

Den Wüterich lehret sie die eigene Schuld empfinden,
Und straft sein hartes Herz in Strafen andrer Sünden,
Wenn sie (Dichtkunst) in Trauerspielen die Toten auferweckt
Und ihn in fremden Bildern mit seinem eignen schreckt,
Wenn er bei fremdem Fall von Ahndungen ergriffen,
Den Stahl, der Gußman trifft, sieht auf sich selbst geschliffen:
Wenn er von jedem Dolche, der Cäsars Brust durchwühlt,
Den Stoß in Todesängsten an seinem Herzen fühlt.

Welche mühsame Genauigkeit, welche Ängstlichkeit des Dichters,
der Leser möge ihn nicht verstehen! Man halte die Schillerschen
Zeilen dagegen, und man wird die schon öfter gemachte Bemerkung
bestätigt finden, daß die Schönheit des Vortrags ebenso sehr von
dem abhängt, was verschwiegen, als von dem, was gesagt wird.
Den Gedankenstoff, der in den Künstlern entwickelt oder halb

entwickelt liegt, hätte der sonst schätzbare Dusch leicht in ein halb Dutzend Bücher ausgesponnen.

Str. 18. Es kann nicht befremden, daß die Entstehung des Glaubens an ein zukünftiges Leben von den Dichtern abgeleitet wird: nach der strengsten Wahrheit muß man sie für eine Wirkung der poetisirenden Kraft im Menschen erkennen. Der Zusammenhang, in dem dieser Glaube hier vorgestellt wird, leuchtet zu mächtig ein, als daß man versucht werden sollte zu grübeln, ob seine Entstehung nicht aus anderen Ursachen erklärt werden müsse, ob er nicht zu einer Zeit entstanden, wo die Menschen solcher Räsonnements noch nicht fähig waren? Der Dichter hat vortrefflich idealisiert und, indem er das, was nur Lehre war, in That, in heroische That verwandelt („da führet ihr aus kühner Eigenmacht" u. s. w.), hat er die Sache ins Große und Wunderbare hinübergespielt. Nur gegen die vier letzten Verse möchte ich Einwendungen machen. Ich begreife wohl, daß die Dioskuren als Sinnbild der Unsterblichkeit gebraucht werden können, wegen ihres abwechselnden Lebens im Olymp und in der Unterwelt. Allein was soll der Zusatz „mit umgestürztem Lichte"? Ich entsinne mich nicht, daß die Dioskuren mit diesem Attribut vorkämen. Soll es vielleicht auf die berühmte Gruppe von Statuen gehen, die einige für Kastor und Pollux, andere für ein Paar Genien halten? Die Beziehung wäre doch zu speziell. Die zwei letzten Zeilen scheinen als Opposition oder Klärung zu den ersten hinzugefügt zu sein und vielleicht darauf zu deuten, daß man sich nur ein dämmerndes Schattenleben nach dem Tode dachte. Allein in dieser Verbindung sind sie mir gleichfalls dunkel.

Str. 19. Die Erhöhung der Kunst zum Ideal-Schönen wird hier mit kurzen, aber treffenden Zügen geschildert, hauptsächlich von der Seite, daß das Ideal aus der Verschmelzung verschiedener Charaktere von Schönheit zu einem Ganzen entspringt. Statt „Fechter" wünschte ich, es möchte lieber „Ringer" [so änderte Schiller danach] oder „Kämpfer" stehen. Die Kunst hat nie Fechter, Gladiatoren, gebildet, obgleich die gemeine Meinung es behauptet. Bei den Griechen gab es ja nicht einmal welche . . . .

Ich übergehe ein paar Absätze, die von der Vervollkommnung

der Künste als einer Gegenwirkung der durch sie zuerst bewirkten Ausbildung des Menschen, von der Übertragung der menschlichen Begriffe von Schönheit auf das Weltall und von dem dadurch erhöheten Genusse der ganzen Natur handeln, und setze dagegen die Stelle von dem Einflusse des gebildeten Schönheits=Gefühls auf alle Lagen und Verhältnisse des Lebens vollständig her: Str. 21. Hier, wenn irgendwo, gilt alles das, was ich vorhin von der Wahrheit findenden Begeisterung behauptet. Wehe dem Kritiker, der es nicht fühlet, daß der kleine Maßstab seiner kalten Beurteilung nicht bei jedem Zuge eines solchen Gemäldes angebracht werden dürfe! Wie ist besonders die beschließende und vollendende Schilderung so groß gedacht, so rein und zart empfunden und so ganz im hohen griechischen Stil ausgeführt! Wem fallen bei dem „sanften Bogen der Notwendigkeit" nicht sogleich die gelinden Geschosse des Apoll und der Diana ein, wodurch Homer einen schnellen und sanften Tod bezeichnet? Das vervollkomnte Schönheitsgefühl zaubert nach der Idee des Dichters das goldene Zeitalter wieder zurück, wo die Menschen, wie Hemsterhuys sagt, weil sie sich der gleichförmigen Fort= schritte ihres Daseins bewußt waren, den Tod nicht scheuten und ihn auch nur als eine solche natürliche Entwickelung ihres Wesens betrachten. —

Der Dichter wendet sich wieder an die Künstler mit einer Anrede des Dankes für alle von ihnen empfangenen Wohlthaten. Man findet darin hier und da Wiederholungen schon dagewesener Gedanken; doch meistens werden sie durch die neuen Wendungen des Ausdrucks wieder gehoben.

Aus dem, was von der Wiederauflebung der Künste in Italien und von der noch bevorstehenden letzten Vollendung des Menschengeschlechts durch dieselben gesagt wird, will ich nur folgendes über das gegenwärtige Verhältnis des Künstlers gegen den Denker ausheben: Str. 26.

Ich mag bei diesen Zeilen nichts von der schönen Behandlung sagen; die lautere, gewichtige, in unserm Zeitalter so selten be= herzigte Wahrheit, die sie enthalten, fesselt mein ganzes Interesse. Und nun der triumphierende Schluß: Str. 29—31.

So hoch der Dichter sich auch vorher in einzelnen Stellen

geschwungen haben mag, so hat er doch gewußt, für den Beschluß noch etwas Höheres aufzusparen. Alles Vorhergesagte diente zur Vorbereitung auf diesen; und alles Vorhergesagte vereinigt sich hier wie in einem Brennpunkte. Dies ist gleichsam das Band, welches die ganze Rhapsodie zusammenhält. Man sieht den Sänger schon nah am Ziele: auf einmal nimmt er einen raschen lyrischen Flug und hat es erreicht. Es thut viel Wirkung, daß er unvermerkt aus der freien Versart in den lyrischen Rhythmus wiederkehrender Strophen übergeht und darin bis ans Ende aushält. Das Quatrain, welches anfängt: „Die Schwester, die euch hier verschwunden" u. s. w. ist mir in dieser Verbindung dunkel. Hinreißend schön sind die beiden Verse: 468, 469.

Mit großer Tiefe und Fülle des Gedankens paart sich in ihnen die heiterste Anmut des Bildes.

Von dem Plane des ganzen Gedichts werde ich nicht nötig haben noch zu reden. Ich habe schon in meinen Bemerkungen darauf hinzuweisen gesucht. Mich deucht, bei diesem Tone, bei diesem Maße der Begeisterung konnte und durfte die Ordnung nicht strenger sein.

Die Versifikation ist im ganzen vortrefflich. Nur das einzige möchte ich erinnern, daß der Dichter nicht die ganze Mannig= faltigkeit benutzt hat, welche die verschiedenen Reimstellungen bei dieser freien jambischen Versart darbieten. Fast immer läßt er die Reime so abwechseln, daß ein weiblicher vorangeht und männlicher folgt. Die umgekehrte Abwechselung und die schöne Verschlingung, wo zwei nebeneinander stehende Reime, männliche oder weibliche, von zwei anderen eingeschlossen werden, hat er weit seltener angebracht. Einzelne harte Verse und unechte Reime sind an einem so schönen Werke nur kleine Flecken.

Die Diktion ist völlig harmonisch mit dem Gegenstande. Überall weht der milde Hauch jenes Kunstgefühles, das der Sänger preist, und zaubert dem Gedanken gemäßigte, sanfte Formen an. Überall herrscht ein stiller hoher Geist, der sich seiner Stärke, die Seelen zu erschüttern, freiwillig begab, oder auch, in süßer Vertraulichkeit mit allen Göttern des Schönen, auf eine Zeit lang sie vergaß.

Druck von Gebr. Unger in Berlin, Schönebergerstr. 17a.